separação

amores comparados

2

separação

Regina Navarro Lins
Flávio Braga

CIP-BRASIL. CATALOGAÇÃO-NA-FONTE
SINDICATO NACIONAL DOS EDITORES DE LIVROS, RJ.

L733s
    Lins, Regina Navarro, 1948-
    Separação / Regina Navarro Lins, Flávio Braga. – Rio de
Janeiro: Best*Seller*, 2006.
    (Amores comparados ; 2)

    Inclui bibliografia
    ISBN 85-7684-187-8

    1. Relações homem-mulher. 2. Casamento. 3. Separação (Psicologia). 4. Conflito interpessoal. I. Braga, Flávio, 1953-. II. Título. III. Série.

06-3145   CDD 306.7
                                                                      CDU 392.6

Copyright © 2006 Regina Navarro Lins e Flávio Braga

Arte de capa: Tita Nigrí
Ilustração: André Amaral
Editoração eletrônica: Kátia Regina Silva

Todos os direitos reservados. Proibida a reprodução,
no todo ou em parte, sem autorização prévia por escrito da editora,
sejam quais forem os meios empregados.

Direitos exclusivos desta edição reservados pela
EDITORA BEST SELLER LTDA.
Rua Argentina, 171, parte, São Cristóvão
Rio de Janeiro, RJ – 20921-380

Impresso no Brasil

ISBN 85-7684-187-8

sumário

Introdução 7

Espasmos de verão 9

Sobre Espasmos de verão 63

Abraço desfeito 81

Sobre Abraço desfeito 105

Bibliografia 135

introdução

A dor quase indescritível da separação é o tema deste volume. Sofrimento para quem quer o fim da relação e para quem quer preservá-la. Mas ambos os envolvidos vivem um episódio dramático, que arrasta os mais próximos e gera desassossego. O peso da razão se dilui em tais momentos. Paixão, orgulho, tradição e preconceito entram no jogo e criam novas perspectivas.

As duas histórias a serem cotejadas ocorreram com um intervalo de algumas décadas e são exemplares de nossa realidade num palco comum, o Rio de Janeiro, mas as diferenças são brutais. Veremos duas mulheres que desejam exercer seu direito à separação. Uma quer, mas não pode; a outra pode e sofre para manter seu legítimo poder.

O formato escolhido, seleção de missivas entre os personagens, também chama a atenção para as modificações tecnológicas. Enquanto a primeira escreve cartas, a segunda envia e-mails. Esse detalhe é importante se considerarmos que a comunicação mudou o comportamento, pela via da informação sobre as transformações de costumes.

Finalmente, o leitor poderá assistir à derrota de uma mentalidade que, apesar de obtusa, vigorou durante séculos, atuando sobre os relacionamentos.

Espasmos de verão

A correspondência a seguir, entre Sílvia Maria e sua amiga Nina, residente em Zurique, dá-nos uma idéia de como uma simples separação de casal podia desencadear desdobramentos. Há menos de 50 anos.

Rio de Janeiro, 22 de novembro de 1957

Querida Nina,

Como vão as coisas aí? Demorei para responder à sua última carta porque hesito em contar o que se passa comigo. Mas para quem mais poderia abrir meu coração? Você continua sendo minha melhor amiga, apesar de viver do outro lado do planeta. Não sei nem como começar, Nina. "Comece do princípio", você dirá. Mas não há princípio, não há uma razão clara, nada de especial, apenas quero me separar de Mário. Pronto, falei. Você é a única pessoa que não vai gritar na minha cara que estou louca varrida. Você sabe que sou uma pessoa equilibrada, de bom senso. Você me acompanhou no colégio. Sempre fui das mais CDFs, lembra? Passei com boas notas e só tive um namorado sério: o Mário. Sou mulher de um homem só, até agora. Será que o problema reside aí? Temos uma boa casa, carro e todos os confortos. Nossos dois filhos são ótimos, belos, crescem vigorosamente... Estamos casados há oito anos, como você bem sabe, mas eu não agüento mais. Quero me separar. Bem, agora eu devo explicar o porquê, não é, amiga? Aí é que as coisas ficam difíceis. É preciso ter uma razão muito séria para interromper uma encenação que já dura quase uma década, certo? Eu sou a senhora Bastos Albuquerque. Minha vida é toda paga pelo salário de meu marido para eu ser a senhora Bastos Albuquerque, até que a morte nos separe. E fim de papo. Só que não agüento mais o Mário, Nina. Destrua esta carta, por favor. Jogue numa lixeira aí da Suíça, onde ninguém vai entender esse drama em português. Esse é um segredo entre nós, até porque não tenho certeza de que serei capaz de ir até o fim em meu intento. A quantidade de muralhas que desabarão sobre mim ao anunciar que desejo sair de casa é enorme. Há a muralha de Mário, que será rigorosamente lógica, como só um engenheiro é capaz de erigir, mas também há a de mamãe e papai. Muralhas duplas que estão alicerçadas em minha memória afetiva, que entrelaçam a minha origem ao meu presente. Essas estarão entre as mais terríveis, solidificadas com a argamassa da pergunta: "O que os outros vão dizer?" Logo ao lado, ou por todos os lados, estão as muralhas familiares: tios, tias, avó, primos e primas. Esses trabalharão a erosão do fuxico, como uma ferrugem feita de meias palavras e comentários maldosos. Logo abaixo, mas de imensa altura, postam-se as muralhas dos filhos. A minha amada Verinha e o meu querido Luís. Duas pequenas muralhas que esmagam meu coração e transformam minha coragem no mais puro medo. Estou exagerando, Nina? O que você acha? Devo desistir da idéia e ser infeliz o resto da vida para que as muralhas permaneçam de pé? Eu sei o que você está pensando: "Mas, Sílvia Maria, por quê?" Se você não é uma muralha, Nina, se você é realmente minha melhor amiga, como tenho certeza que é, você sabe. Para sermos bem honestas, você me avisou: "O Mário é um chato." E você tinha toda a razão. Até então, estava dando para enrolar. Agora não dá mais. Nossa vida está transformada numa medonha mesmice. Mesmo os fins de semana são terríveis. O pior de

Separação

tudo é que ele é gentil, não me trai, até onde eu perceba, é bom pai, é equilibrado, possui boa saúde... Eu fico tentando descobrir o que me incomoda nele. Mas é difícil de perceber. Fomos assistir a *Psicose*, passou aí? Saímos do cinema e fomos jantar no Jangadeiros. Ele não achou nada do filme. Ou melhor, achou inverossímil o psicopata se travestir como a mãe. E só. Eu fiquei abaladíssima com o filme, genial, ele, nada. Não estou dizendo que seja isso. Não. Quando me casei com ele sabia que suas paixões eram o Fluminense e o xadrez. Mas, Nina, eu me sinto como o náufrago abraçado ao tronco flutuante. Sei que não vou morrer afogada, mas estou desesperada em ficar condenada a passar o resto da vida agarrada a ele. Até se casar e ir morar aí, ainda havia você, lembra? Você me perguntou: "Como é o casamento? Estou para entrar nessa." E eu respondi: "É bom, é tranqüilo, é seguro." Eu não estava mentindo, mas não tinha tomado consciência de como eu estava só quando não estava com você. Você me perguntou também: "Ele é bom de cama?" E eu falei, toda boba: "Claro." E você perguntou: "Ele beija sua xoxota?" "Ora, Nina, que importância tem isso? Não beija nada, mal e porcamente a boca. Seu pênis fica duríssimo por uns... cinco a 15 minutos, então ele ejacula." E você sentenciou: "É ruim de cama." Briguei com você, lembra? Uma das poucas brigas que tivemos. Porque você havia me lembrado, antes do casamento, que era um absurdo casar virgem. É um absurdo, realmente, Nina. Você estava coberta de razão. Mas estou à beira de mudar. Eu vou me separar. Ainda desconheço de onde buscarei forças, mas vou conseguir. Se você estivesse aqui, seria mais fácil. Você vem neste final de ano? Diga que sim, amiga. De qualquer forma, nós nos corresponderemos.

Beijos da
Sílvia Maria

• • •

Amores Comparados

Zurique, 10 de dezembro de 1957

Querida Sílvia,

Sua carta me pegou desprevenida. Depois de tantos anos, achei que você tinha "assimilado" seu casamento, como a maioria das mulheres. Estou surpresa. Concordo com você quanto às muralhas, mas me coloco, desde já, a seu lado para eliminar os focos de resistência. Não será fácil, pode ter certeza. O mundo mudou, ou está mudando. Aqui na Europa é mais tranqüilo, mas aí creio que as coisas ainda sigam os padrões do século XIX. O seu problema maior serão as razões. Ninguém vai aceitar que você se separe porque seu marido é um chato. Seria talvez "incompatibilidade de gênios"? É preciso procurar um advogado. Conhecer o que diz a lei. A questão da guarda dos filhos é que é o ponto-chave. Sem um bom motivo, você corre o risco de perdê-los. Não quero assustar você nem colaborar para diminuir a sua convicção, mas é preciso estar preparada. Se eu resolvesse me separar sem uma ótima justificativa, o Rolf não deixaria que eu levasse meus filhos. É outra situação, não tem nada a ver. Estarei aí para o ano-novo e conversaremos até não poder mais.

Cuide-se e lembre que estou a seu lado.

Sua
Nina

• • •

Rio de Janeiro, 26 de dezembro de 1957

Querida Nina,

A notícia de sua chegada me animou. Como você disse: é preciso estar informada para não ser pega de surpresa. Quero meus filhos comigo. Marquei hora com o Emmanuel, advogado da empresa de papai. Vou abrir o jogo com ele em caráter sigiloso. Acho que existe isso com advogados, assim como com padres e psicanalistas, não é? O que me deixa besta é que Mário não nota nada. Ele é insensível, indiferente. Será que não deixo claro que nossa vida é um porre?!! Desculpe a expressão chula, mas só dizendo assim. Temos feito sexo com hora marcada nos últimos anos. É aos sábados, à tarde, a cada 15 dias. No último fim de semana ele se desculpou porque tinha marcado uma partida de futebol com os amigos. Eu achei ótimo. "Tudo bem", falei, "se você quiser podemos fazer no final de cada mês." Ele concordou sem se dar conta da ironia. Será que ele tem alguém? Seria a minha salvação. Mas não creio. Ele simplesmente afastou o sexo da vida. Falamos mais quando você chegar.

Beijos da
Sílvia Maria

• • •

Rio de Janeiro, 27 de dezembro de 1957

Querida Nina,

Não resisti e estou escrevendo para contar o meu encontro com o doutor Emmanuel. Ele me animou bastante. É um homem jovem... bem, uns 45 anos. E é charmoso. Sugeriu que eu contrate um detetive para descobrir qualquer deslize do Mário. Tudo ficaria mais fácil, segundo ele. Em todo caso, se nada for descoberto, ele sugeriu uma separação amigável. Sentar e conversar a três. Explicar. Afinal, Mário é um homem educado, pode compreender que nossa relação não dá mais nada... Segundo ele, os juízes tendem a beneficiar os homens nos conflitos judiciais, mas não havendo traição da minha parte fica tudo mais fácil. Ele conhece um detetive competente. O problema são os custos. Não tenho

de onde tirar. Estou pensando em pedir para papai. O que você acha?
Estou aguardando ansiosa sua chegada.

Beijos,
Sílvia Maria

• • •

Zurique, 29 de dezembro de 1957

Querida Sílvia,

Más notícias. O Rolf ganhou uma estada em Paris no *réveillon*, como reconhecimento pelo trabalho que vem fazendo na administração da empresa. A sede da mineradora é na França. Impossível não aceitar. Mas estou preocupada com você, amiga... Tenho umas economias e posso emprestar para o detetive. Será que o Mário tem amante? Não leva jeito, mas tudo pode acontecer. Aqui em casa também não é nenhum paraíso sexual, e o Rolf, como a maioria dos anglo-saxões, é duro na cama. Mas é carinhoso e está na cara que me ama muito. Então vou levando. Conforme as suas recomendações: destrua esta carta, mas vou confessar uma coisa e dar um conselho a você – tente resolver suas fantasias eróticas fora de casa. Se não der, tente arranjar alguém e vá levando. O que você acha? O problema maior, querida, é a dependência financeira.

Bem, vou ficando por aqui. Beijos para todos e um ano novo cheio de decisões em direção à felicidade. Se quiser minha ajuda financeira, escreva dizendo e resolvemos isso no início de janeiro.

Beijos, beijos,
Nina

• • •

Separação

Rio de Janeiro, 10 de janeiro de 1958

Querida Nina,

Apesar de frustrada por seu impedimento, cheguei esperançosa a 1958. A passagem foi aquela coisa de sempre. Nós nos reunimos na casa de mamãe e tudo transcorreu sem novidades. Ontem, tive o encontro com o detetive indicado pelo doutor Emmanuel. É um tipo desagradável. Acho que a atividade de espiar pessoas marcou a fisionomia dele. Chama-se Ednardo e quer receber mil dólares pelo serviço inteiro. Falou em dólar mesmo, *cash*. Segundo ele, um mês de campana (expressão dele) resolve a situação. A sua experiência indica que homens que traem não passam mais de um mês sem visitar a amante. Ele tira fotos e prepara todo o material para uma ação em juízo. Você me emprestaria a quantia sem que isso lhe causasse problemas? Não posso precisar uma data para pagar. Mas vou juntar aos pouquinhos. O envio pode ser por ordem de pagamento no Banco do Brasil. Não sei o que faria sem seu apoio, amiga.

Beijos,
Sílvia Maria

• • •

Zurique, 18 de janeiro de 1958

Querida Sílvia,

Remeti o dinheiro ontem. Você pode procurar na agência central, na rua Primeiro de Março. Sinceramente, espero que surja alguma coisa da investigação, mas não creio. Acho que o Mário é fiel. Amiga, foi um sonho em Paris. Lembrei muito de você, porque o Rolf não me solicitou em nenhum momento. Os programas foram museus e restaurantes, e muito vinho, mas sexo que é bom, nada. Acho que casamento é assim, querida amiga. Mas não tenho o que reclamar da companhia do Rolf. Ele é bom papo e muito culto, bem mais do que eu. Quero ir ao Brasil ainda no verão. Talvez para o carnaval. Poderíamos sair fantasiadas de mal-comidas. O que você acha? Desculpe a brincadeira, mas é preciso relaxar para não pirar.

Beijos
da Nina

• • •

Rio de Janeiro, 21 de janeiro de 1958

Querida Nina,

Milhões de obrigadas, eternamente agradecida. A investigação começou ontem mesmo. Dei todas as pistas, números de telefone e endereços do Mário para ele. O relatório virá dia 17 de fevereiro ou a qualquer momento em caso de flagrante. Nenhuma notícia me daria mais felicidade do que a foto de Mário nu ao lado da amantezinha. Juro que desejo que ele seja muito feliz com ela. Se houver ela. Só recomendarei que não se case para não fazer outra vítima. Você nunca havia comentado que o Rolf não comparecia. Eu preciso arrumar alguém, mas a primeira vez vai ser difícil, com a criação que tive e, aos 28, só conhecendo um homem na intimidade. Estou preparada para uma aventura. Os homens me olham na rua. Sou o que chamam de falsa magra. Ai, amiga, um homem colocando suas mãos sobre mim é tudo o que preciso. Venha para o carnaval, vai ser ótimo, mas não vou poder cair na farra com você. Ainda sou uma mulher casada.

Beijos,
Sílvia Maria

• • •

Separação

Zurique, 28 de janeiro de 1958

Querida Sílvia,

Estou torcendo por você. Mas não vou conseguir ir no carnaval também. Rolf vai para o Oriente e me convidou para ir junto. Sou paquerada por um africano chamado Walker. Mas não tenho coragem. Qualquer dia, encaro. Ele é um pão. Um químico que trabalha na mineradora veio à nossa casa para um jantar com a esposa e flertou comigo. Ligou alguns dias depois. Mas não retornei. Dizem que homens casados são os melhores. Não incomodam e, mesmo que se apaixonem, evitam as ligações em finais de semana. Me mantenha informada.

Beijos,
Nina

• • •

Rio de Janeiro, 19 de fevereiro de 1958

Querida Nina,

Derrota. O Mário não tem ninguém. Mil dólares jogados fora. O detetive flagrou-o entrando num prédio suspeito no bairro do Méier, lá na Zona Norte, mas era apenas a casa de dona Nora, uma tia velha que mora só, a quem, caridosamente, Mário visita levando uns doces. Ednardo, o detetive, sugeriu que poderia arrumar uma dessas mulheres da vida para simular um flagrante. Mas isso é uma baixaria a que não me submeto. "Outros mil e está feito", disse o cafajeste. Deixei-o falando sozinho, mas estou preocupada. O que será de mim? A cada dia que passa, aumenta a minha certeza de que quero me separar. Quero viver, Nina. Estou farta de falta de assunto e sofá em frente à TV. Sou uma mulher jovem. Minha libido anda em alta. Estou olhando para os homens. Mais dia, menos dia, arrumo um amante.

Beijos,
Sílvia Maria

• • •

Zurique, 24 de fevereiro de 1958

Querida Sílvia,

Fiquei triste em saber que você não é traída, amiga. Arranje alguém rápido e viva a vida. Eu sei que é fácil falar, mas, depois que você fizer a primeira vez, tudo ficará mais fácil. Por que você não vem passar uns dias comigo? Daremos umas voltas pela Europa. Posso tentar encontrar umas companhias para nós. Diga ao Mário que você precisa de umas férias. Ele paga a viagem. O que você acha? Aguardo sua resposta. Não me alongo muito porque preciso preencher um formulário para o pagamento de impostos.

Beijos da
Nina

• • •

Rio de Janeiro, 15 de março de 1958

Querida Nina,

Falei com o Mário, mas ele alegou falta de dinheiro. Trocamos o carro agora e nosso apartamento ainda não está quitado. Mas ele me prometeu que até o fim do ano iremos... IREMOS, entendeu? Ele quer ir junto! Não me ocorreu que o feitiço pudesse se virar contra mim... Bem, como não pretendo estar com ele até o final do ano, tudo bem. A novidade boa é que fui ao encon-

Separação

tro do Emmanuel e levei uma cantada dele. Muito sutil, mas, claramente, uma cantada. Começou com a conversa de que uma mulher tão bonita como eu não teria dificuldade de encontrar alguém, mesmo que numa relação paralela. Seus olhos falavam mais do que suas palavras. E o melhor de tudo: ele é casadérrimo. Enquadra-se naquele perfil descrito por você. É bonitão, jovem, o que mais? Só falta ser competente na cama para ser perfeito. Ele quer conhecer o Mário para aconselhá-lo a aceitar melhor a separação. Vou fazer um jantar e ele vai com a mulher. O problema é a desculpa para o convite. Estou pensando. Na saída, ele pegou as minhas mãos e as beijou, carinhosamente, enquanto seus olhos me comiam. Acho que é só uma questão de tempo.

Beijos da
Sílvia Maria

• • •

Zurique, 22 de março de 1958

Querida Sílvia,

Que bom que você está encontrando alguém. Outro conselho: arranje dois. Amante não pode ser um só, senão a gente se apaixona. Com dois, há equilíbrio. Você passa o dia pensando num, no dia seguinte pensa no outro, e a vida corre, deliciosa. Que idade tem o advogado, mesmo? Arrume um jovem agora. Um desses caras da praia. Você não mora de frente para o mar? Sexo é a melhor forma de você preencher suas horas vagas, amiga... Como foi o carnaval?

Beijos da
Nina

• • •

Amores Comparados

Rio de Janeiro, 29 de março de 1958

Querida Nina,

Emmanuel me convidou para almoçar na Barra da Tijuca, num lugarzinho meio deserto que tem lá. Vai ser na próxima terça. Acho que dessa vez entro para o time das mulheres bem-comidas. Assim espero. Torça por mim. Consegui fazer o jantar com a desculpa de que Emmanuel trabalha com papai e vai nos ajudar a regularizar um terreno lá em Búzios, o que é verdade. A mulher do meu advogado querido é horrorosa, Nina. Como é que um homem com aquele charme casa com alguém como ela? Depõe contra, não? O romantismo é uma praga, amiga. Eu me imaginei casada com ele e participando de um jantar oferecido pelo outro casal, que seria o Mário com a Carmem, a tal esposa do Emmanuel, pode? E, na minha imaginação, eles formavam um casal perfeito. Deu vontade de propor a troca.

Beijos
de sua delirante amiga,
Sílvia Maria

• • •

Zurique, 10 de abril de 1958

Querida Sílvia,

Torço por você. Acho que devemos ter todos os casos possíveis porque, pelo jeito, o mundo não vai durar muito. Vem uma guerra atômica por aí. Aqui na Europa só se comenta o confronto Estados Unidos *versus* União Soviética. Mas o Brasil é tão distante. Nestas horas até que é bom. Estar longe deste insensato mundo. Se você não tivesse filhos, eu ia sugerir que abandonas-

SEPARAÇÃO

se tudo por um curso de pós-graduação no exterior. Sorte com o advogado.

Beijos,
Nina

• • •

Rio de Janeiro, 19 de abril de 1958

Querida Nina,

Caí nos braços do Emmanuel na última terça-feira. Foi mais fácil do que eu imaginava. Fui tirando a roupa logo que entramos no hotel. Mas ele foi rápido demais. Esvaiu-se feito um balão de gás furado. Manteve uma bela ereção por uns cinco minutos e PUMM. Fiquei um tanto apavorada com o medo de engravidar. Mas eu não estava no período fértil. Depois ficou martirizado por não ter podido me esperar. Confessou-se apaixonado. A violência do sentimento o fez agir tão rápido. Não creio. Acho que é assim mesmo. O Mário até agüenta um pouquinho mais. Na conversa "após", disse que ele e a mulher não fazem sexo há anos. Falou que é muito comum a falta de desejo entre pessoas casadas há bastante tempo. Fumou um cigarro depois, o que me incomodou muito. Fisicamente, ele é parecido com Mário. Eu nunca havia visto outro homem nu, além de meu marido. O "negócio" do Emmanuel é mais longo e mais fino do que o do Mário, mas o advogado também não beija lá embaixo. Acho que isso é coisa de tarado, não é não, Nina?

Beijos,
Sílvia Maria

• • •

AMORES COMPARADOS

Zurique, 28 de abril de 1958

Querida Sílvia,

Que coisa, hem, amiga? Você precisa pegar um rapagão desocupado, desses que só pensam em sacanagem. Ele vai mostrar a você o que os homens fazem. Não se iluda. Esses caras envolvidos na luta pelo dinheiro são os piores na cama. Obstrução mesmo. E são os mais machistas também. O termo machista está sendo aplicado aos caras que só enxergam o próprio umbigo e não vêem a mulher a seu lado. É um movimento das mulheres americanas. Sexo oral do homem na mulher não é coisa de tarado. É muito bom, sim. O seu advogado não quis que você ajoelhasse entre as pernas dele? Se não manifestou a vontade, pode ter certeza de que pensou nisso e, no próximo encontro, vai pedir. Se isso acontecer, exija isonomia. Bem, o importante é que você perdeu a virgindade extraconjugal. É um grande passo. Parabéns e boa sorte!

Beijos,
Nina

• • •

Rio de Janeiro, 2 de maio de 1958

Querida Nina,

Você tem razão. Entre a última carta e essa, fui novamente com ele. A decepção permaneceu. E você adivinhou: ele quis que eu fizesse sexo oral nele e não fez em mim. Será que tem que ser um jovem para satisfazer uma mulher de minha idade? Não vou encontrar um homem maduro que me faça feliz na cama? Bem, como você disse: estou aprendendo com a experiência. Emmanuel está entusiasmado. Ele se acha o máximo. Está

Separação

fazendo planos. Chegou a dizer que, após a minha separação, poderíamos montar uma casa onde ele ajudaria nas contas e poderia me visitar. Ou seja, ele me propôs que seja a amante oficial dele. Sou bobinha, admito, mas não vou cair em outro casamento. E meus filhos? Vão ficar vendo a mãe servir a um amante nas horas que ele desejar? Não mesmo. Emmanuel quer que eu fale com Mário. Mas o que vou dizer? Jurei, na frente do padre, na Nossa Senhora de Bonsucesso, que ficaria com ele "até que a morte nos separe...". Emmanuel acha que posso alegar incompatibilidade de gênios. Mas como? Eu e Mário nunca brigamos. Apenas ele é um chato e nossa vida, um tédio sem perspectiva alguma. Estou cansada da mesmice. Nada a ver com gênio nenhum. Mas estou decidida. Vou abordar o assunto com o Mário no feriado, quando estaremos em Petrópolis, na casa de papai. Seja o que Deus quiser. Li qualquer coisa sobre as feministas. Você é mais culta do que eu, amiga, e mora na Europa.

Beijos da
Sílvia Maria

• • •

Zurique, 21 de maio de 1958

Querida Sílvia,

Temo por você quanto à reação de Mário. Duvido que ele aceite bem seu plano de separação. Na cabeça dele você está ótima, sem ter que se preocupar com nada, além de dar ordens à empregada. Aqui não temos essas escravas maravilhosas aí do Brasil. Vou te dar um conselho. Adoro dar conselho, não é? Mas preste atenção. Crie um mal-estar. Torne-se insuportável e ele acabará deixando você ir embora. Se estiver tudo ótimo, não vai fazer sentido você querer sair. Não fale que ele é ruim de cama. É homem, e vai se sentir ferido, atacado em seu fervor de macho. O ideal mesmo, por mais que seja canalha, é o que o detetive sugeriu: arranjar um flagrante para ele. Mas você tem razão, não dá para fazer isso. Cuidado, querida amiga. Muito cuidado.

Beijos de sua
Nina

• • •

Rio de Janeiro, 3 de junho de 1958

Querida Nina,

Decepcionante. Saímos para caminhar num bosque lá de Petrópolis, no feriado de 1º de maio. Só ele e eu. Pegou na minha mão. Tentei evitar, mas não havia como. Seguimos de mãos dadas. Eu tinha dito que precisávamos conversar a sós. Ele estava feliz. Sentamos sob as árvores e ele perguntou o que eu queria falar. "Acho que é melhor nós nos separarmos", falei. Ele começou a rir. "Sério", eu disse. Ele riu mais ainda. "Do que você está rindo?", perguntei. "Você está lendo algum romance ou são os filmes da Doris Day?", ele rebateu. Fui ficando furiosa. "Quero me separar de você. Ir morar em outro lugar com meus filhos", quase gritei. Ele parou de rir. Ficamos em silêncio um pouco, então ele me olhou nos olhos e disse mais ou menos o seguinte: "Não sei de onde você tirou essa idéia estapafúrdia." Ele usou essa palavra: estapafúrdia. "Mas esqueça", disse. "Você não tem como viver sem mim. Vai voltar para a casa de seu pai?" Calamos novamente e ele me convidou para ir tomar sorvete. Fingiu que nada tinha sido dito. Pareceu o resto do dia tão feliz quanto antes. Eu me senti uma idiota. Tranquei-me no banheiro e chorei uma hora sem parar. Ele simplesmente desconsiderou o que eu disse. Emmanuel, depois de ouvir o meu relato, fez cara de preocupado e se ofereceu para expor meu desejo de separação pessoalmente a Mário. Vai ligar para ele

Separação

e marcar. Estou ansiosa. Nunca senti tanta falta de uma pessoa amiga ao lado como agora.

Beijos,
Sílvia Maria

• • •

Zurique, 15 de junho de 1958

Querida Sílvia,

Maridos acham que somos mentalmente inferiores. Eles não conseguem conceber que você não esteja bem com eles, se as contas estão pagas e eles não batem regularmente em você. Como eu imaginava, amiga. Vai ser duro. Prepare-se para o pior, mas não esmoreça. Se ele desconfiar de você e do advogado, vai ser ruim. Evite contatos com seu amante nestes dias de decisão. Vai dar tudo certo. Desqualificar o argumento do outro é uma tática manjada. Fingir que não está preocupado, também. Garanto que ele está com o coração na mão.

Coragem e beijos da amiga
Nina

• • •

Rio de Janeiro, 21 de junho de 1958

Querida Nina,

Você não vai acreditar... Emmanuel ligou para Mário e queria que ele fosse até o escritório da banca de advogados. Mário não quis e, com muita intimidade, o convidou para ir à nossa casa à noite. Eu soube do encontro pouco antes, quando papai passou lá para pegar Luís e Verinha com uma desculpa e oferecendo não sei o quê. Meu pai estava com a cara mais amarrada que já vi. Trocou meia dúzia de palavras e saiu com meus filhos no carro. É claro que Mário contou sobre a conversa em Petrópolis. Bem, ali pelas sete chegou Emmanuel e sentamos todos na sala. Estranha a sensação de estar com dois homens com quem temos intimidade física. Emmanuel aceitou um uísque que Mário lhe ofereceu e disse que a conversa seria melhor conduzida se eu não estivesse presente. Mário concordou. Eu, não. Falei que era a principal interessada no assunto tratado. Mário perguntou se tratariam de meu devaneio de separação. Respondi que sim. Então ele disse que era melhor que eu saísse da sala. "Se quiser, fique ouvindo atrás da porta", ele completou. Resolvi sair, contrariada. Emmanuel piscou o olho para mim, como um estúpido qualquer querendo acalmar uma criança. Mas segui as instruções de meu futuro ex-marido e fiquei ouvindo no vão da escada. Foi terrível, Nina. Deprimente. Emmanuel é mole. Mal tocou no assunto e Mário o interrompeu com um discurso preparado do tipo: "Diga a ela isso e diga a ela aquilo." Entre outras coisas, Mário afirmou que eu não sairia de casa para não perder o direito de ver meus filhos. Deixou bem claro que eu não tinha argumentos para pedir a separação e que nenhum juiz acharia razoável romper um lar em nome da futilidade. Finalmente, Mário sugeriu que seria possível pensar no assunto quando nossos filhos chegassem à maioridade, ou seja, daqui a dez anos. Não é inacreditável? Mais ainda porque Emmanuel não retrucou, não conseguiu dizer nada em meu favor. Tive vontade de entrar na sala e dizer que ambos não passavam de uns brochas de meia-idade, mas me contive. O advogado, meu primeiro ex-amante, foi embora e Mário me chamou para conversar. A lengalenga era esperada. Fez uma longa volta para argumentar que era melhor para mim estar ali, protegida, num mundo cruel e com cada vez menos oportunidades para os menos preparados, leia-se EU. Ele dormiu aquela noite pensando que havia ganho a guerra, mas apenas vencera uma batalha. A primeira. Estou mais

Separação

convencida que nunca de que preciso me separar, querida amiga. A luta está apenas começando, como você disse.

Beijos,
Sílvia Maria

• • •

Zurique, 1º de julho de 1958

Querida Sílvia,

Que coisa, hem? E que pulha o tal Emmanuel... Vai ser uma parada dura!!! Você vai precisar estar bem firme. Arrume um amante, urgente. Uma mulher bem-comida vale por duas ou três. Não esmoreça. Estou torcendo por você. Vou a Madri hoje com Rolf, mas em duas semanas estamos de volta. Da Espanha, quero dar um pulinho em Paris e Lisboa. Não deixe de me escrever.

Beijos,
Nina

• • •

Zurique, 20 de julho de 1958

Querida Sílvia,

Chegamos ontem e achei que haveria notícias, mas não encontrei carta sua. Escreva-me, urgente. A nossa viagem foi deliciosa. Pensei muito em você e no seu drama. Mande notícias.

Beijo,
Nina

• • •

Amores Comparados

Zurique, 29 de julho de 1958

Querida Sílvia,

Liguei ontem para a sua casa, já que você não escreveu mais. Sua empregada, Zuleide, disse que você está internada, mas não soube revelar o nome do hospital. Pedi para falar com Mário, mas ele não estava. Ela me informou também que seus filhos estão na casa dos avós. Pensei em ligar para lá, mas fiquei com medo de criar qualquer constrangimento. Espero que esta carta chegue às suas mãos. Mande notícias, urgente. Estou muito, muito preocupada.

Beijos,
Nina

• • •

Rio de Janeiro, 5 de agosto de 1958

Querida Nina,

Estou internada na clínica psiquiátrica Dr. Eiras, aqui em Botafogo. Subornei a enfermeira para enviar esta carta. Toda a minha comunicação com o exterior (da clínica) está controlada por Mário, meu ex-marido e atual carrasco. Após o encontro dele com Emmanuel, nós tivemos uma discussão forte. Estávamos a sós em casa, conversando na cozinha. Ele disse que eu deveria recordar o sagrado compromisso que havia assumido com ele diante de Deus e dos homens. Você acredita? Eu não consegui me segurar diante de tamanho absurdo e sorri... apenas sorri. Isso provocou a sua fúria. Ele passou as mãos por sobre a mesa e saiu derrubando copos e pratos. Fiquei apavorada e comecei a gritar que ele parasse com aquilo. Ele deu um soco no armário, numa parte envidraçada, e quebrou a

Separação

portinhola. Depois, ficamos em silêncio enquanto eu soluçava. De repente, ele saiu da cozinha. Fiquei ali juntando os cacos no chão. Estava desesperada e não desconfiei do que ele maquinava. Quando voltei para a sala, ele se sentara no sofá, calmíssimo, lendo um jornal. Fui apanhar as chaves do carro para buscar as crianças no clube e elas não estavam no lugar de sempre. Perguntei a Mário sobre a chave e ele me respondeu que eu não iria mais a lugar algum. "Não estou entendendo", respondi. "A ambulância está vindo te buscar, você precisa de repouso", ele falou, com voz mansa. Caminhei devagar em direção à porta da rua, mas estava trancada. Comecei a desconfiar da minha sorte. Corri para a entrada de serviço, que fica junto à cozinha, porque eu sabia que por ali ele não havia passado. Antes de chegar lá, suas mãos me prenderam. Eu estava gritando quando os enfermeiros chegaram. Passei recibo de minha loucura. Por pouco, não saí de minha casa em camisa-de-força. Depois de amanhã, completo dois meses de internação. Aprendi algumas coisas. Descobri como sou frágil e como os meus direitos sucumbiram com facilidade. A mulher casada, em caso de suposta insanidade, está nas mãos do marido. Durante os primeiros dias esperneei, gritei, fui medicada com tranqüilizantes violentos e, por fim, fui à lona, derrubada. Fiz uma amiga aqui. Um drama parecido. Ela se chama Dora e, assim como eu, foi vítima do marido. O Mário é um anjo perto do esposo dela. Dora foi internada várias vezes e está num estado lastimável. Ela me abriu os olhos quanto a comportamento. "É necessário fingir", ela me ensinou. "Devemos ficar mansinhas para que pensem que estamos sob controle. Quando afrouxam a guarda, é possível escapar. Não há argumentação que funcione: é preciso fingir." Bem, convencida disso, comecei a atuar. Mário não vem me ver. Fala apenas com os médicos. Meu pai veio duas vezes. Minha pobre mãe é que aparece todo dia. Comecei meu teatro com ela. Pedi que intercedesse junto a Mário para me deixar voltar para casa. Menti que não estava mais pensando em separação. O médico também assistiu à minha encenação. Expliquei que estava bem, que reconhecera que meu marido me amava e que a vontade de fugir era coisa do passado. Ontem começou a funcionar. Mário veio me ver e perguntou como eu me sentia. Enfiada num avental verde e usando pantufas, ajoelhei-me a seus pés e beijei suas mãos. Pedi perdão. Seu olhar ainda guardava desconfiança. O homem com quem casei não estava lá. Era apenas uma lembrança moldada no rosto de um louco perigoso. Continuei pedindo perdão até que ele disse: "Chega." E saiu. Soube depois, pela enfermeira, que meu pedido de alta está encaminhado. Devo sair até o final de semana. Nada sei sobre meu futuro, querida amiga. Jamais imaginei que Mário seria capaz do que foi. Estou afastada de meus filhos, que imaginam a mãe enferma. Minhas únicas defesas são minhas amigas: você e Dora, a louca daqui. Ela disse: "Não devemos ter ilusões, nossos maridos tramam contra nós."

Mas, de modo geral, estou bem agora, bem melhor do que há dois dias.

Escreva, beijos,
Sílvia Maria

• • •

Zurique, 25 de agosto de 1958

Queridíssima Sílvia,

Que horror!!! Inacreditável e insuportável horror!!! Podíamos imaginar qualquer reação, menos essa... Quando prognostiquei que a parada seria dura, não estava pensando em nada do gênero. Não sei o que dizer além de CORAGEM!!! Não definhe. Não tome remédios fortes que a transformem numa idiota. Vou até aí logo que pos-

SEPARAÇÃO

sa. Na primavera... isso, em setembro posso ir. Seja forte. A tal Dora disse certo: finja, finja o tempo todo.

Beijos, beijos,
Nina

• • •

Rio de Janeiro, 3 de setembro de 1958

Querida Nina,

Estou novamente em casa há uma semana. Zuleide me olha, compadecida. Meus filhinhos me olham assustados. "O que aconteceu, mamãe?" O que responder? "Caí numa armadilha de seu pai, que é um chato calhorda e recusa-se a me deixar viver em paz longe dele"? Bem, o melhor é manter-me calada. Falar o mínimo e só o que não tiver importância. Não peguei mais o carro. A chave não está mais no prato de louça sobre a mesa. Qualquer dia, pretendo retomar esse direito. Enquanto isso, vou maquinando minha defesa do predador em que Mário se transformou. Soube, por mamãe, que ele mentiu sobre os objetos quebrados na cozinha. Informou que fui eu quem perdeu o controle. Minha confiança nele desceu a ZERO. Você será bem-vinda, cara amiga, não sei nem expressar o quanto.

Beijos de sua amiga tresloucada,
Sílvia

• • •

Zurique, 9 de setembro de 1958

Querida Sílvia,

Estou tentando cumprir o que prometi a você. Viajar até aí no próximo mês. O problema é que Rolf viaja muito e Juliette está na escolinha. Aqui, uma pessoa de confiança para ficar com crianças custa uma fortuna. Mamãe gostaria de ficar com a neta e o fim de ano seria o ideal. Mas estou tentando contornar a situação.

Beijos,
Nina

• • •

Rio de Janeiro, 22 de setembro de 1958

Querida Nina,

Tranqüilize-se. Estou bem melhor. O choque a que fui submetida teve um efeito contrário ao que desejava meu infeliz marido. Ele usou um martelo para encaixar uma peça solta no quebra-cabeça de nosso casamento, mas, ao fazer isso, soltou todas as outras. Sou livre. Estou enxergando as pessoas que caminham nas ruas de forma diferente. Cada uma delas com sua realidade. Eu antes achava tudo igual. É difícil explicar, Nina. Mas hoje sei distinguir a impossibilidade de um amante como Emmanuel. Estou livre para amar todos os homens interessantes. Ontem fui à praia e havia uma moça com um maiô de duas peças. Todos olhavam para ela. Uma faixa do corpo na altura da barriga faz tanta diferença? Mário talvez internasse a moça para exames. O mundo está mudando, Nina. O mundo vai mudar para melhor e eu quero estar longe de meu marido. Tenho sessões com um psiquiatra toda semana. Ele fica me olhando, sob um abajur à meia-luz, enquanto conto minha vida. "Você guarda segredo como padres e advogados?", perguntei. Ele respondeu que nossas sessões eram invioláveis. Baseada em minha experiência com os causídicos e considerando que não confio em padres, resolvi também filtrar o que digo a esse outro setor do controle social. A ordem é mentir para quem pode ajudar em seu encarceramento. O tal psiquiatra

Separação

chama-se Justino. Expliquei ao Justino que fui seduzida por um jovem aqui da praia de Ipanema. Dei para ele e achei que passaríamos o resto da vida juntos. Ele me abandonou e pirei. Que tal? Querida amiga, eu não podia dizer para o tal Justino que meu marido é um chato insuportável e um, agora sei, louco perigoso que encarcera a mãe de seus filhos. Minha história é convincente? O psiquiatra não tem cara de quem queira me comer, como o Emmanuel. Completei a farsa dizendo que nunca mais pretendo me separar de meu marido, mesmo que caia em tentação novamente. O que você acha?

Beijos da amiga
Sílvia Maria

• • •

Zurique, 29 de setembro de 1958

Querida Sílvia,

Que bom que você está bem! Também acho que a saúde equivale à capacidade de conspirar contra nossos inimigos. É chato chamar o marido da gente de inimigo, mas é verdadeiro. Realmente, estarei aí no verão. Rolf vai depois, e retornamos juntos. Até lá, você estará ainda mais descolada. Estou enviando para você uns livros em inglês. Você lê, não? Talvez já exista em português. É *A função do orgasmo*, de Wilhelm Reich. Acho que vai ajudá-la a compreender como somos resultado de nossa formação.

Beijos da amiga
Nina

Obs.: Querida, notou como a carta chegou rápido? Estou usando um serviço da Embaixada. Você também pode utilizar. Ligue para lá e fale com a Érika em meu nome. Eles mandam o rapaz do malote apanhar na sua casa. É que o Rolf trabalha numa área estratégica (mineração) e tem esses benefícios.

• • •

Rio de Janeiro, 9 de outubro de 1958

Querida Nina,

Você esquece que não sou uma intelectual, como você. Estudei ciências sociais, e não letras. Enquanto você assistia a filmes do Chaplin, eu via bangue-bangue. Seu casamento foi com um europeu elegante, eu escolhi um engenheiro chato. Mas tudo vai mudar. Vou tentar compreender o Reich. Vou assistir a filmes de arte. Quem sabe consigo um amante que faz filosofia e fuma maconha? Tenho pensado muito nas drogas. Meu preconceito diminuiu. Talvez os drogados sejam vítimas de homens como Mário, cercados de seus advogados, psiquiatras e padres. Gostaria de experimentar alguma droga boa. Você me recomenda alguma? Tenho ido à praia em locais onde suponho que seja o ponto de gente menos preconceituosa, mas ainda não consegui estabelecer nenhum contato. Estou pensando em comprar um maiô de duas peças e levar no carro (recuperei meu direito de dirigir). A primavera está linda no Rio, amiga querida. Esperando por você.

Beijos da
Sílvia Maria

• • •

Separação

Zurique, 15 de outubro de 1958

Querida Sílvia,

Que bom saber de você tão bem!!! Os grandes espíritos são indestrutíveis e você é um grande espírito. Leia, leia muito, faça da leitura a sua droga. Ela vai mudar a sua vida. Vou enviar uma lista de textos que você vai adorar. Saia, tome sol e use o maiô de duas peças, sim. Apenas tome cuidado para que o Mário não veja a sua barriguinha queimada de sol e desconfie de sua nova consciência. Está confirmada a minha ida. Estarei aí no dia 15 de dezembro. Rolf é fato um europeu elegante, como você falou, mas não acho que pessoas civilizadas dentro de padrões ocidentais machistas sejam inteiramente confiáveis. É preciso estar alerta. Se acontecesse comigo o que houve com você, a luta seria muito dura, talvez mais dura até, porque Rolf manipula conceitos com mais facilidade. Nós, mulheres, somos bichos diferentes e temos que confiar desconfiando.

Beijos,
Nina

• • •

Rio de Janeiro, 21 de outubro de 1958

Querida Nina,

Você se tornou uma líder feminista? Tenho lido sobre o movimento. Não sou totalmente alienada. Não totalmente. Quanto ao Mário ver minha barriga, não há jeito. Não tiro mais a roupa na frente dele. Nem para dormir. Uso camisolão, sabe aquele tipo até os pés? Ele está consciente de que perdeu acesso ao meu corpo para sempre... sempre! Na verdade, estou morta para ele. Será que ele não vê isso? Minha libido está em alta.

Amores Comparados

Preciso urgentemente de um amante. Ontem falei com um rapaz na praia... um cara, como eles gostam de ser chamados. Ele estuda medicina e nem é tão jovem, mas é muito tímido. Conversamos duas horas na areia e ele nem sequer me tocou no braço. Vamos nos encontrar hoje em frente à Montenegro. Outro dia fiquei um pouco lá. Eles não falam muito. Os olhos brilham. Devem estar sonhando. Vou seguir seu conselho e ler muito. Já comecei. Estou lendo *Gabriela, Cravo e Canela*, do Jorge Amado. Você conhece?

Beijos da amiga
aspirante a intelectual,
Sílvia Maria

• • •

Zurique, 29 de outubro de 1958

Querida Sílvia,

Tomara que você consiga encontrar um cara legal e bom de cama para ajudar no seu equilíbrio, mas o que me preocupa é como é que fica o futuro. Ele não quer a separação. E aí? Você vai ficar o resto da vida fingindo? Será que ele não se toca? Você tentou falar com seus pais, para colocá-los a seu lado? Não é possível viver assim. Tente encontrar outro advogado, mais sério e que proteja você. Conheço o Jorge Amado. Não é um comunista?

Beijos,
Nina

• • •

Separação

Rio de Janeiro, 2 de novembro de 1958

Querida Nina,

Hoje surpreendi Mário com a sua carta na mão. Ia abrir o envelope quando o repreendi. "É de minha amiga Nina", falei e arranquei o papel de suas mãos. Daqui em diante, use a caixa postal que está no envelope para endereçar. Estou construindo um mundo à parte. Não desisti da separação, mas não quero ser pega de surpresa. Não quero advogado mais. Pelo menos, por enquanto. A formação de meus pais é conservadora, como você sabe. A Igreja fez a cabeça de mamãe e meu avô fez a de papai. Eles acham que mulher é capacho de homem e não se discute. Mamãe sempre conta que, dias após o casamento, eles estavam em casa e, numa rusga qualquer, ela falou alto. Papai pôs o dedo nos lábios e disse baixinho: "Nunca use um tom acima do meu." Esse é o exemplo, amiga. Aqui no Brasil, pelo menos, vivemos no feudalismo.

Beijos,
Sílvia Maria

• • •

Zurique, 8 de novembro de 1958

Querida Sílvia,

Acho que você está no caminho certo. É preciso aguardar o seu momento. Deixar que as coisas se acalmem e que o caso da internação passe a ser coisa do passado. Aí você age. Bem, vamos conversar muito aí. Vou querer um maiô de duas peças também. Vamos fazer sucesso juntas na Montenegro. No meu tempo, eu ia à praia no Leme. Está fora de moda?

Beijos da
Nina

Amores Comparados

Rio de Janeiro, 15 de novembro de 1958

Querida Nina,

Estou muito feliz. Fui à praia em frente à Montenegro e conheci um homem bacaninha. Era início da tarde. Horário de mulher casada. Ali pelas quatro, ele me convidou para tomar um chope no Zeppelin. Amiga, é outro mundo. Intelectuais para todo lado. Ficamos numa mesinha no fundo e eu estava encantada assistindo àquilo tudo quando o Paulo (esse é o nome do broto) veio do banheiro, me agarrou pelos ombros e me deu um beijo na boca. Fui pega de surpresa e a língua dele entrou sem pedir licença. Fiquei toda arrepiada (agora de novo, só de pensar). O Paulo escreve no *JB* e deve ter uns 40 anos. Estou apaixonada, Nina. Totalmente. Nada a ver com o meu namoro com Mário, há tantos anos... só penso no meu jornalista. Minha vida mudou. Isso foi na quinta. No dia seguinte, nós nos encontramos de novo. Sempre na praia. Vamos juntos ao mar e os beijos são muitos. Estou saindo logo que acabe de te escrever. Adivinhe quem vou encontrar?

Beijos da
Sílvia Maria

• • •

Zurique, 18 de novembro de 1958

Querida Sílvia,

Fico feliz por sua nova paixão, mas cuidado para não sofrer. Embora eu saiba que esse é um conselho tolo. Como diz o Vinicius de Moraes: "Amor e sofrimento estão juntos." Mas a gente não precisa cair nessa. Temos que ter a consciência de que, se acabar, acabou. Mudando de assunto: vi um filme ótimo, *À Bout de*

Separação

Souffle, é de um francês chamado Jean Luc Godard. Diferente de tudo que a gente conhece. Já passou aí? Encontrou o Reich em português?

Beijos da amiga
Nina

• • •

Rio de Janeiro, 25 de novembro de 1958

Querida Nina,

Amiga querida. Paulo me levou para o seu apartamento. Ali em Ipanema mesmo, na Alberto de Campos. É bárbaro, quer dizer, é uma bagunça, mas fala da personalidade dele. Livros e jornais para todo lado. Roupas jogadas e garrafas de bebida pela metade em todos os cantos. Ele se desculpou porque a arrumadeira não veio. Mas ele precisa é de uma mulher ali. Sei, sei, sem esperanças. Fomos para a cama e parece que amei um homem pela primeira vez. Beijo lá embaixo foi estréia total. Adorei. Quero sempre. Fiquei extasiada e dormi. Quando deitamos, a meia-luz era do sol. Quando acordei, havia anoitecido. Ele saíra para trabalhar. Faz o plantão da noite. Eu estava em trajes de praia na casa do amante às sete e meia da noite. Peguei um táxi só com a saída de praia e torcendo para o Mário não estar em casa ainda. Ainda bem que é perto. Cheguei meia hora antes dele e entrei embaixo do chuveiro. Grandes emoções.

Beijos da
Sílvia Maria

• • •

Amores Comparados

Zurique, 28 de novembro de 1958

Querida Sílvia,

Cuidado, amiga. Se você for pega em flagrante, perde qualquer briga na justiça. Pelo que você contou, ele é um boêmio. Não alimente esperanças em ser a mulher que vai arrumar a bagunça dele. Mas não quero ser a amiga chata. Aproveite o amor de cada dia sem pensar no amanhã. Estou começando a me preparar para a viagem. Vai ser tão bom! Estou com saudades da família, que, a distância, é uma coisa bem boa. Você vai conhecer a Juliette. Ela é uma graça. Não é coisa de mãe coruja. Juro. Vamos em frente!

Beijos,
Nina

• • •

Rio de Janeiro, 1º de dezembro de 1958

Querida Nina,

Eu sei que todo cuidado é pouco. Mas estou totalmente apaixonada. Falei de você para o Paulo e do Godard que você recomendou. Ele me levou para assistir a um filme dele que está passando aqui. Sou burra ou é assim mesmo? Não tem história, amiga. Mas fingi bem, acho. Ao final, falei calmamente: muito interessante. E ficou por isso mesmo. Não lembro nem o nome. Mas os atores falavam o tempo todo e não se entendia nada. Paulo disse, na maior tranqüilidade, que eu sou a mulher do verão. Não perguntei para ele o que queria dizer com isso, mas suponho que ele vá me abandonar no outono. Até lá, muita água vai rolar. Fui acordá-lo uma vez. Ele trabalha até certa hora da noite, depois vai para o Zeppelin ou para o Lamas, um bar da boemia lá no

Separação

Largo do Machado. Dorme até meio-dia, é claro. Como eu disse, fui acordá-lo. Sua boca recendia a álcool. Mas adorei. O que é o amor, hem? O Mário notou minha intensa alegria e as crianças também. Todo mundo em casa está feliz. Se eu soubesse, já teria um amante há alguns anos. Estou tranqüila porque sei que essas minhas confissões viajam milhares de quilômetros e vão parar em alguma gaveta em Zurique.

Mil beijos da
Sílvia Maria

• • •

Zurique, 4 de dezembro de 1958

Querida Sílvia,

Falta pouco menos de 15 dias para eu desembarcar no Rio. Estou excitada. Que bom que você anda feliz. Vamos fazer mil passeios. Quero conhecer os antros da boemia e os novos restaurantes. Vamos à praia todos os dias e depois sair por aí. Você terá a desculpa de estar comigo. Vai ser ótimo. O Godard é um diretor que se alinha pelo subjetivo. Não se pode assistir como se fosse a um filme qualquer. Tem que prestar atenção e, ao mesmo tempo, abrir mão de uma perspectiva tradicional de cinema. Assista a outros filmes da *nouvelle vague*. Tem o Allan Resnais, que é ótimo. Aí no Brasil há um cinema assim também, pelo que li.

Beijos da
Nina

• • •

Amores Comparados

Rio de Janeiro, 8 de dezembro de 1958

Nina querida,

Aconteceu o pior. Eu estava na praia, dois dias atrás, início da tarde, ao lado do Paulo, um calor de rachar. Eu no maiô de duas peças que carrego no carro, quando vi um homem chegando à praia, de terno escuro e gravata. Descia pela areia num contraste violento com os corpos nus. Reconheci: era Mário. Afastei a mão de Paulo, que estava sobre minha coxa. "Meu marido está chegando", falei. Quando Paulo se virou, estava o Mário lá, de pé, enorme, maior por causa do traje inadequado. Falou com aquele vozeirão: "Vamos pra casa, Sílvia Maria." Que vexame, amiga!!! Todos em volta ficaram olhando o quadro. "Quero te apresentar meu amigo Paulo, Mário. Ele é jornalista do *JB*", falei tentando salvar a situação... A essa altura, Paulo tinha sentado na toalha, na minha toalha!! "Levanta, vamos embora", Mário repetiu, sério e inadequado. O que eu poderia fazer? "Deixe a moça em paz", o Paulo teve coragem de dizer. "Fique fora disso, ela é minha mulher", retrucou Mário. Levantei devagar. Ele me agarrou pelo braço e foi me arrastando. Um gaiato gritou: "Deixa a moça!!" Outro replicou: "Deixa." Vários começaram a fazer coro: "Deixa!!! Deixa!!!" E eu arrastada, areia afora. Estávamos quase na calçada quando o coro cresceu gritando: "Corno!!! Corno!!!" Não olhei para trás. Fui empurrada para dentro do carro dele, mas vi, no outro lado da rua, o Ednardo, justo aquele detetive que contratei no ano passado. Ele estava me seguindo, o cretino. Engraçado, em casa o Mário estava calmo. Disse que uma mulher casada não podia conversar com qualquer um na praia. Que eu deveria cuidar de minha honra como quem rega uma plantinha frágil e outras coisas igualmente absurdas. E parou por aí. Bem, mas o pior veio no dia seguinte. Recebi um telefonema do Ednardo. Marcou de eu ir ao escritório dele. Um lu-

SEPARAÇÃO

gar horrível, num prédio da rua Senador Dantas. Não pude deixar de ir. Ele espalhou sobre a mesa dezenas de fotos em que apareço com o Paulo. Saindo do cinema, abraçada; aos beijos no Zeppelin; entrando no prédio da Alberto de Campos e até atravessando a sala do apartamento de Paulo só de calcinha e sutiã, pode? Acho que ele bateu a foto de um prédio em frente... sei lá... Bem, quer dois mil dólares pelas fotos até o fim do ano, senão entrega ao Mário. Perguntei por que havia entregue minha ida à praia. Falou que o prêmio do Mário aumentava se incluísse qualquer flagrante. Estou encrencada, querida!!!

Beijos,
Sílvia Maria

• • •

Rio de Janeiro, 5 de janeiro de 1959

Nina,

Custa-me um imenso esforço escrever esta carta. Ela é um misto de agradecimento e desabafo. Estou ciente de que seu empréstimo salvou minha situação frente a Mário. Pessoalmente, já agradeci, mas reforço minha eterna dívida. Por outro lado, quero que você saiba que sei que você deu para o Paulo. Fico pensando se faria o mesmo com um namorado que você me apresentasse e concluo que não. Mas cada cabeça uma sentença, não é assim que se diz? Vocês falaram muito de cinema e livros que não verei nem lerei e entendo que ele tenha se encantado. Mas sinto o direito de sofrer por isso. Fosse com outra pessoa e eu nunca mais dirigiria a palavra, mas você é a pessoa mais íntima que possuo nesta vida. Então é melhor esclarecer. Amo o Paulo. Ele é um boêmio mulherengo, eu sei. Mas o que é que vou fazer? Acho que a transa de vocês só durou o tempo de cama, certo? Então vamos esquecer. Como se nada tivesse acontecido.

Beijos,
Sílvia Maria

• • •

Zurique, 22 de janeiro de 1959

Querida Sílvia,

Você tem razão. Paulo não é homem de uma só mulher. Ele é um pão e deve haver muita demanda. Acho que não é uma boa escolha apaixonar-se por ele. Mas aproveite... A vida é apenas uma e é curta. Minha estada aí foi ótima, afora qualquer encontro amoroso. Estou de volta a meu dia-a-dia de dona-de-casa européia. O Rio está maravilhoso, com sua boemia e sua música. Vocês são felizes e não sabem. Eu estou aqui, acomodada e vazia, mas não me queixo. Escolhi meu caminho. Foi bom ver você e foi igualmente bom conhecer e amar o Paulo por uma noite. Você me proporcionou esses momentos. Obrigada, para sempre.

Muitos beijos da
Nina

• • •

Rio de Janeiro, 28 de janeiro de 1959

Querida Nina,

Está perdoada. Eu te quero muito e não vou estragar nossa relação por homem nenhum. O Paulo me jurou que foi uma coisa passageira o momento de vocês e que ele e eu poderemos construir uma relação duradoura. Eu não suporto mais viver com

Separação

Mário. Quero me separar e não consigo. Estudei ciências sociais, mas estou fora do mercado de trabalho. Faço qualquer coisa para resolver a minha vida. Encaro qualquer trabalho, mas quero minha independência. Mário simplesmente não fala mais comigo. É como se eu não existisse. Sentamos todos dias na frente da TV no início da noite, ali pelas oito horas, depois do jantar. As crianças vão dormir e ficamos ali, os dois. Ele, aos poucos, vai cochilando, dorme e ronca... Você acredita? Se alguém me contasse que eu viveria isso eu não ia acreditar... Amanhã vou encontrar outro advogado. Vamos estudar uma estratégia de ação.

Beijos da
Sílvia Maria

• • •

Zurique, 3 de fevereiro de 1959

Querida Sílvia,

O problema na separação é a guarda dos filhos. Ele não vai querer ceder de jeito algum. Se o advogado convencer o Mário, é um gênio. Desejo boa sorte para você, mas pode ter certeza de que não vai ser fácil. Eu fiquei olhando o Rolf aqui em casa, depois de ler a sua carta, e me dei conta de que uma eventual separação seria uma tragédia para mim. Nunca vou conseguir tirar a Juliette daqui a não ser que fuja com ela para o Brasil. Mas ele iria atrás de nós. Bem, isso é apenas uma fantasia. Espero envelhecer ao lado dele, ou então que ele me abandone, abrindo, assim, mão da filha. Quantas idéias pesadas, não?

Mande um beijo para o Paulo e um grande beijo para você também. Se isso a tranqüiliza: ele ficou de me ligar e nunca ligou.

Nina

• • •

Amores Comparados

Rio de Janeiro, 9 de fevereiro de 1959

Querida Nina,

O Paulo é todo seu. Se você quiser, é claro. Dispensei-o. Ele é muito mulherengo, além de alcoólatra e pretensioso. Mas passamos bons momentos juntos. Cheguei de surpresa na casa dele e ele não atendeu à porta. Mas o rapaz da portaria me disse que ele estava. Fiquei no corredor, escondida, e assisti à saída da mulher que estava lá. Desculpe o termo, mas era uma piranha, com um *slack* tão justo que a bunda parecia andar sozinha. Não quero esse tipo de homem. Não me mostrei nem fiz escândalo, até porque não seria cabível. Mas é insustentável essa situação. E pensar que cogitei em ir morar lá com meus filhos. Fantasia minha. Ele não me convidou e não daria certo. À noite, enquanto o Mário dormia na frente da TV, fiquei pensando em como não deve ser fácil encontrar um homem que assuma uma mulher na minha condição, com dois filhos em fase de crescimento. E me deu vontade de chorar. Preciso de independência. Poderia voltar para a casa de meus pais. Aquele apartamento enorme. Mas vou trocar seis por meia dúzia. O controle sobre mim vai continuar e em tempo integral, porque aqui em casa tenho liberdade no horário de trabalho do Mário. Das nove da manhã às seis, sete, estou livre. Ele almoça na empresa. Na casa de mamãe vão me chatear o dia inteiro. Bem, querida. Chega de queixas. Fique bem.

Beijos,
Sílvia Maria

• • •

Separação

Zurique, 14 de fevereiro de 1959

Querida Sílvia,

Então você deu flagrante no Paulo? Não me admira. Ele é da noite. Depois do décimo uísque, leva até travesti para casa. Duvida? Mas eu não o descartaria por isso. Não pode é exigir dele o que ele não pode oferecer. É uma boa companhia para cinema e sexo. Já é muito. Nós temos de aprender a ser menos conservadoras, amiga... Digo nós porque me incluo entre aquelas que acham que o homem que serve é aquele para constituir família e tudo o mais. Nem sempre é assim. Cada dia que passa sinto que a vida é para ser vivida. Mas acho que você está se adaptando bem.

Beijos da amiga
Nina

• • •

Rio de Janeiro, 22 de fevereiro de 1959

Querida Nina,

Talvez você tenha razão quanto aos homens. Mas há uma diferença entre nós. Você já viveu um casamento feliz, eu ainda não. Quero ter essa experiência. Quero encontrar alguém para viver uma relação estável. Não sei se vou conseguir, mas vou tentar. O novo advogado chama-se Porfírio. Ele não me deu grandes esperanças. Acha que, se eu sair de casa, não ganho a guarda das crianças. Sinto que estou diante do grande desafio de minha vida. O Paulo ligou aqui pra casa me procurando. Mas não quero mais. Não retornei a ligação. Tenho saído pouco e acho que o Mário imaginou que seria possível uma retomada. Agarrou a minha mão na sala, em frente à TV. Não teve nem a decência de me convidar para jantar, fazer a corte, sabe? Ou de me levar na boate Sacha's, lá no Leme, que é o top hoje em dia. Nada. Quis agarrar a minha mão enquanto assistíamos ao jornal, pode? Arranquei meu braço e levantei com a desculpa de beber água. Ele que vá procurar alguém para agarrar a mão.

Beijos,
Sílvia Maria

• • •

Zurique, 27 de fevereiro de 1959

Querida Sílvia,

Hoje deve ser carnaval aí. Eu adoraria seguir os cordões usando uma máscara cravejada de pedrinhas brilhantes. Talvez encontrar um pierrô na avenida. Como pode ver, estou romântica hoje. Acho que suas cartas estão me contagiando. Estou enjoando do Rolf. Agora faz dois meses que ele não me procura. Mas não posso nem pensar em me separar. Perderia a Juliette, o que é impensável para mim.

Beijos da amiga
Nina

• • •

Rio de Janeiro, 3 de março de 1959

Querida Nina,

O carnaval detonou de vez minha vida. A Laura Diaz, não sei se você lembra dela lá do Jacobina, me descobriu. Apareceu aqui, toda serelepe. Descobriu o endereço da mamãe na lista telefônica e fez contato. Saímos no sábado de carnaval. O

Separação

Mário olhou meio incomodado, mas, como era uma velha amiga, não teve jeito. Saímos numa banda em Ipanema em que só tinha cafajeste... Uns amigos da Laura se aproximaram... Esqueci de dizer que a Laura foi abandonada pelo marido e está querendo farra. Bem, seguimos pulando com os caras. Eu não saía para o carnaval há séculos. Logo estávamos abraçadas nos tais amigos, Roberto e Juremir. Ambos já altos e carregando uma garrafa de uísque na bolsa. Íamos bem, emborcando enquanto o samba nos embalava. Bem, resultado: passamos em frente ao meu prédio e algum vizinho me viu. Como é que pode, né? Uma pessoa ir contar para o marido da outra que a sua mulher passou abraçada num estranho... Foi o que aconteceu. Eu sei que fui imprevidente, mas tinha bebido e estou cansada disso tudo. Não tomei o cuidado necessário. Não aconteceu nada. Pulei carnaval na banda por alguns quarteirões. O tal Roberto me abraçou, numa hora passou a mão na minha bunda. Acho que para testar. Falei pra ele: "Não faz assim, não." E ele não repetiu. Então veio a despedida e ele me deu o telefone. Não dei o meu, é claro. A Laura me deixou na porta de casa, deviam ser umas oito da noite. Quando entrei na sala, Mário estava lá, com cara de pouquíssimos amigos. O Luís assistia à TV. "Você enlouqueceu de vez", meu marido falou. "Por quê?", perguntei sem saber ainda que fora vítima das fofocas da vizinhança. "Está jogando minha honra na lama", ele disse, utilizando aqueles chavões cabeludos que ele adora. "O que houve?", eu quis saber. Ele mandou o Luís para o quarto, sinal de que iria engrossar comigo. Os uísques faziam minha cabeça girar. Sentei. "Você passou em frente à nossa casa abraçada num estranho", ele disse. "Ah, Mário, deixa para lá, nosso casamento é só uma formalidade, você não acha?" Aí ele perdeu a calma e veio para cima de mim. Se não levanto o braço, ele teria me acertado no rosto. Mas seguiu batendo enquanto eu gritava. Tive um momento de lucidez e pensei: é a minha chance. Posso acusá-lo de maus-tratos. Cuspi na cara dele para provocar um golpe mais forte e ele caiu na armadilha. Levei um soco no olho que quase me desmontou. Ganhei coragem de levar o negócio até o fim e cuspi nele de novo acrescentando a provocação: "Você é corno, falei baixinho." Achei que ele iria me matar. Apertou meu braço e ficou me dando tapas no rosto. Mas o Luís veio choramingando e agarrou as pernas dele. Isso o comoveu e ele me largou. Levantei tonta e saí em direção ao quarto. Vesti uma saia sobre o short, peguei a bolsa e voltei para a sala. Agarrei o Luís e saí porta afora. Mário tinha ido à cozinha e, quando voltou, não nos encontrou. Abriu a porta quando entrávamos no elevador. "Aonde você vai?", gritou. "Deixe o Luís aqui." A porta do elevador se fechou segundos antes de ele ter condições de nos impedir. Acho que correu para o de serviço porque, quando cheguei à calçada, eu o vi saindo da portaria. Apanhei um táxi que passava e nos afastamos vendo Mário gesticular e gritar no meio-fio. Foi crescendo em mim a certeza de que estava fazendo a coisa certa. Rumei para a casa de mamãe e liguei para o advogado. Felizmente, papai havia saído. Porfírio, por sorte, atendeu. Podia estar fora da cidade no carnaval. Contei o que ocorrera. "Aguarde aí, vamos fazer um corpo de delito", ele disse. Bem, Mário chegou lá também, mas pedi que a mamãe o dispensasse sem alarde. Ele chorou. Pediu perdão. Eu no quarto. Temi que o advogado chegasse com ele lá e a coisa dispersasse. Meu rosto doía. Fui à sala e pedi que ele voltasse para casa que logo mais eu também voltaria com Luís. Ele aceitou o argumento. Era mentira. O advogado chegou logo depois. Fomos ao Instituto Médico Legal e fui examinada. Lavraram o tal corpo de delito e fomos para a delegacia. Registramos queixa e fui para o hospital, com o rosto inchado. Ele me acertou de jeito. Felizmente. Porfírio está entrando com pedido de separação litigiosa. A argumentação tende a meu favor. Fiquei com o olho roxo e ouvi uma longa pregação de papai contra a dissolução do casamento. Felizmente, Verinha estava na casa das primas e pude resgatá-la naquela mesma noite. Mário li-

Separação

gou várias vezes pedindo perdão, fazendo mil promessas. Ele se deu conta de que havia perdido a razão. Acho que os ventos estão a meu favor.

Beijos,
Sílvia Maria

• • •

Zurique, 8 de março de 1959

Querida Sílvia,

Que coisa, hem? Você é danadinha, mesmo... Estou impressionada. Isso é que se chama forçar uma barra com sucesso. Cuidado com nossas cartas. Elas são a prova de sua fraude emocional. Mas estou com você. Acho que a razão é sua. É o momento de virar o jogo. Parabéns, amiga querida. E tome cuidado!!! Homens contrariados são perigosos.

Beijos da
Nina

• • •

Rio de Janeiro, 12 de março de 1959

Querida Nina,

Minha situação mudou. Estamos, eu e meus filhos, na casa de mamãe. Tive uma longa conversa com papai e, para a sua posição favorável, contou muito meu olho roxo. A violência impressiona. Mário veio falando manso com eles e querendo jogar a culpa em mim, inclusive argumentando que forjei a situação. Não colou. Botei as crianças no meu antigo quarto e estou no de hóspedes. Preciso encontrar um emprego urgente, para afirmar minhas boas intenções em casa e num futuro próximo sair daqui. Tenho dívidas, você sabe mais do que ninguém, e preciso pagar o advogado. Pela lei, o casamento é indissolúvel. Agora sou uma mulher separada, ou jogada fora, ou ainda sem marido. Mas uma mulher feliz.

Beijos,
Sílvia Maria

• • •

Zurique, 15 de março de 1959

Querida,

Só o que posso fazer é torcer por você. Estou lendo um livro chamado *Eros e civilização*. Um ensaio erudito sobre Freud e a sexualidade. Acho que ainda não saiu em português. Mas logo vai sair. É interessante porque o autor, um alemão chamado Herbert Marcuse, analisa a civilização como produto da repressão sexual. Quer dizer: uma coisa que deveria ser libertadora se torna opressora. Você está sendo obrigada a passar por cobras e lagartos por querer alterar um *status quo*, que é pernicioso. Mas você vai conseguir. Tenho certeza de que é só uma questão de tempo até você encontrar uma nova situação.

Beijos da
Nina

• • •

Rio de Janeiro, 18 de março de 1959

Querida Nina,

Estou vivendo uma situação bastante estranha, entre o ridículo e o lamentável. Recebo visitas de familiares, alguns que

Separação

eu não via há anos, que vêm me ver. Como se eu estivesse doente ou algo assim. Eles e elas chegam para ver e lamentar a minha separação. Tias velhas perguntam o que houve. Como explicar? O que dizer? Uma prima queria confidências para saber se o Mário é brocha. O marido dela está fora de ação há meses. Cheguei a me irritar com o assédio, mas mamãe foi sábia. Ela lembrou que temos de conviver com todos e fazer as encenações de praxe. A minha sogra é que passou dos limites. Ligou para cá e pediu para falar comigo. Fui atender esperando bomba, mas nada próximo do que disse. Ela não segurou seu ressentimento acumulado ao longo de anos, quando quis se meter em nossa vida e eu podei suas intenções. Começou dizendo que finalmente Mário descobriu com quem estava casado. Mas logo ele me esqueceria porque tinha uma mãe corajosa ao lado. Ia continuar, mas bati o telefone na cara dela. Bem, a questão judicial será lenta e não deve alterar muita coisa. Não posso voltar a casar, a não ser no Uruguai... mas sou separada de fato. Acordo só, na cama de solteiro do quarto de hóspedes, e penso na virada que minha vida deu. Ainda estou confiante de que foi para melhor.

Beijos,
Sílvia

• • •

Zurique, 22 de março de 1959

Querida Sílvia,

Que bom que sua mãe percebe as sutilezas da vida social. Isso já é uma grande força. Logo se acostumam com a sua nova situação e param de aporrinhar. A luta pelo divórcio em todo o mundo está só começando. O Brasil vai legalizar a separação. É só uma questão de tempo. O reacionarismo da Igreja ainda é forte no

Brasil, maior nação católica do mundo. Eles são responsáveis por muito do sofrimento causado por casamentos desfeitos. Seja forte, amiga. Você vai sair inteira dessa.

Beijos da
Nina

• • •

Rio de Janeiro, 29 de março de 1959

Querida Nina,

As aulas começaram e acabei tendo de contar para a secretária da direção da escola por que as crianças estão chegando de outro bairro. Falei sem cerimônia: estou separada. Ela me olhou como se uma tragédia se houvesse abatido sobre mim. Algo como câncer. Eu apenas sorri com a surpresa dela. Contei para mamãe e ela me recriminou. Achou que eu deveria ter mentido que mudamos, para evitar qualquer represália com as crianças. Isso procede? Você acha? Tenho procurado emprego. Vai ser muito difícil arrumar algo decente. Talvez eu tenha de encarar qualquer coisa para começar.

Luís e Verinha perguntaram por papai e por que mudamos para a casa do vovô. Abri o jogo. Dei a minha versão dos fatos. Falei que os longos casamentos muitas vezes não dão certo e aí é preciso separar, mas nós, eu e o pai delas, os amamos e vamos dar o máximo de nós para que eles sejam felizes. Não sei se entenderam bem, mas aceitaram a explicação.

Beijos,
Sílvia Maria

• • •

SEPARAÇÃO

Zurique, 2 de abril de 1959

Querida Sílvia,

A hipocrisia social é de arrepiar. Não sei se você deve mentir no colégio ou não. Para as crianças, acho que você acertou ao dizer a verdade, ou pelo menos a sua verdade dos fatos. Elas crescerão e poderão tirar suas próprias conclusões do que houve. Não há como poupar as pessoas da vida. Se você se sacrificasse para poupá-las, correria o risco de se tornar uma pessoa tão azeda que as prejudicaria em outros aspectos igualmente importantes. Então é melhor cultivar o que faz bem a você. Por outro lado, estejamos confiantes de que eles viverão num mundo melhor.

Beijos,
Nina

• • •

Rio de Janeiro, 9 de abril de 1959

Querida Nina,

A sucessão de surpresas desagradáveis continua. Ontem fui buscar as crianças na saída do colégio e o Mário já havia passado lá para buscá-las. Fiquei tonta. Agarrei a grade para não cair. Senti a adrenalina acelerar minha circulação, ou pelo menos tive a nítida sensação de que isso ocorria. Caminhei os três quarteirões que separam a escola de meu antigo lar trombando nas pessoas, feito um zumbi que se dirige para o inferno a fim de combater o próprio demônio. O homem que casou comigo e semeou em mim nossos filhos, sem avisar, os seqüestra num dia de semana... é demais para mim. O porteiro estava com ordem de não me deixar subir. Cruzei por ele e segui para o elevador. Ousou agarrar meu braço, mas meu olhar o fulminou e ele me deixou em paz. Provavelmente identificou a loucura em meus olhos. Toquei a campainha uma, duas, três vezes sem resultado, aí comecei a chutar a porta. Outras portas de vizinhos assustados se abriram. Continuei chutando até Mário se dar conta de que eu não sairia dali. Entrei procurando meus filhos. "Vamos sentar e conversar", ele disse. "Não há o que conversar depois do que você fez", falei. As crianças estavam fora da vista, no quarto, provavelmente. "Quero ficar um pouco com meus filhos, liguei e você tinha saído", ele disse. Suspirei fundo. Ele podia ter parte da razão, mas, de qualquer forma, o certo era ligar com antecedência. Fui ao telefone e falei com mamãe. Ele, de fato, havia ligado para apanhar as crianças. Nós ainda não havíamos combinado horários de convivência entre eles. "Está bem", falei, "mas não deixe passar pela sua cabeça a mais pálida idéia de tirá-los de mim." E fui só para casa, pensando se não estava ficando louca.

Beijos,
Sílvia Maria

• • •

Zurique, 15 de abril de 1959

Querida,

Imagino o que passou pela sua cabeça e entendo. Estou do seu lado. Agiu bem. Qualquer acordo mal compreendido pode ser desastroso. É bom que ele saiba que você é uma fera no que diz respeito a seus filhos. Assim não tentará nada. Ele já demonstrou que pode perder a razão. Você deixou claro que não suportará mais esses ataques. Estamos vivendo uma época de grandes transformações, amiga. Os homens serão obrigados a mudar.

Beijos,
Nina

• • •

Separação

Rio de Janeiro, 22 de abril de 1959

Querida Nina,

As mudanças dos homens, que demoraram séculos para acontecer, no Brasil demorarão outros tantos séculos. Ontem saí com a minha amiga Laura. A que detonou o episódio do carnaval. Encontramos com os caras da banda. Fiquei com o tal Roberto. Fomos ao Calipso, em Copacabana. Jantamos bem e tudo ia direitinho, até porque os rapazes não estavam tão bêbados como da outra vez. Mas, quando os casais ficaram falando entre si, contei ao Roberto sobre os desdobramentos da nossa passagem pela banda. Não é que o homem tomou as dores do Mário?! Desenvolveu toda uma teoria de que eu deveria voltar para casa porque um lar desfeito não é bom para ninguém e outras sandices do gênero. Chegou a um ponto que falei: "Se eu não tivesse saído de casa, não estaria aqui com você..." Bem, se fosse para evitar uma separação, ele sacrificaria aqueles doces momentos, disse. Perguntei seu estado civil e ouvi abismada que falava com um solteiro. "Se você acha a família uma coisa tão boa, por que não se casa?" Não soube responder. Engraçado, não? Senti falta de Paulo. Ele seria incapaz de uma besteirada daquelas. Enfim, ninguém é perfeito. Mas o tal Roberto perdeu a graça para mim. E olhe que eu havia saído disposta a tudo. Após a minha separação, houve um período de apreensão, depois veio alívio... Hoje sou uma pessoa que descobriu a liberdade de ir e vir. Mulheres casadas são prisioneiras num regime um tanto liberal, mas que não descaracteriza a nossa condição de apenadas. Não se pode bater a porta e ir até a esquina sem dizer o que se vai fazer, por quanto tempo e a razão da saída. Isso mudou. É claro que negocio com mamãe para que ela fique com as crianças, mas vou aonde quero, sem maiores restrições.

Beijos,
Sílvia Maria

• • •

Amores Comparados

Zurique, 29 de abril de 1959

Querida Sílvia,

É isso. Só posso concordar. Aqui, com o Rolf, há uma relativa liberdade, mas não é possível se enganar. Qualquer questão que envolva decisões fundamentais depende da vontade dele. Aliás, aquela expressão "Por trás de todo grande homem existe uma grande mulher" pode ser traduzida por "Há sempre uma mulher influenciando emocionalmente qualquer homem". Ou seja, a posição da mulher ainda é na sombra do homem. Mas vamos em frente, querida. Você é forte e vai conseguir. Conte comigo.

Beijos,
Nina

• • •

Rio de Janeiro, 3 de maio de 1959

Querida Nina,

Estou chocada. Esta é a palavra. Parece inacreditável, mas Luís, meu filho querido, foi chamado de "filho-da-puta" pelos colegas. Um dos meninos da classe dele perguntou se eu era separada. Quando Luís respondeu que sim, o tal garoto completou: "Então você é filho-da-puta!!!" E aí, o que fazer? Ir até o colégio e estrangular o menino? Os preconceitos arraigados por pais, Igreja e sociedade é que deveriam pagar por essa ofensa injusta. Fui até lá, invadi a sala da diretora, armei a maior confusão. Mas, na verdade, pouco adiantou. Até desconfio que o silêncio talvez faça mais efeito. Conversei com Luís. Ele tem sete anos. Expliquei isso tudo. A discriminação causada por séculos de atraso cultural. O consenso estúpido sobre uma instituição

Separação

falida que provoca mais sofrimento que qualquer outra coisa... Será que adiantou? Estou muito magoada, amiga... com a sociedade, com meu ex-marido, comigo mesma, por não cultivar a hipocrisia necessária para manter um casamento de aparências, como a maioria faz. A diretora, diante de minha indignação, se defendeu bem. "O que podemos fazer? Convocar as turmas em ordem unida e ler um manifesto dizendo que a mãe de Luís é uma pessoa decente, apesar de separada?", ela perguntou. E tem razão: não se pode fazer nada. Bem, mas há um segundo ato, que foi o conselho de pais e mestres, dois dias depois. Resolvi ir para expor a questão. Tomei a palavra num grupo de homens e mulheres de Ipanema que me olhavam como uma delirante. "Sou separada", falei, para iniciar. Os homens me encararam de um jeito que considero intermediário entre a censura e o interesse. "Huumm, mais uma mulher só na praça", pensaram alguns machos. Mas continuei, corajosa, dizendo que esperava a compreensão deles para que meu filho não sofresse um constrangimento equivocado. Sou capaz de jurar que, por trás do olhar de muitas daquelas mães, estava reprimida a expressão: "Bem feito, quem mandou se separar!!!" Minha apreensão era tanta que, sem me dar conta, as lágrimas começaram a rolar enquanto eu falava. A cena se dividiu entre o vexame e a piedade, duas posições horríveis. Uma única voz se levantou em meu favor. Uma jovem mãe chamada Jacira se aproximou e me abraçou, comovida. Depois voltou-se para o grupo e perguntou se todos eram cristãos. Ninguém nunca tem coragem de negar o espírito cristão. Então, "Atire a primeira pedra quem não pecou", disse ela, firme. Reinou o silêncio até que um dos pais esclareceu que ninguém ali estava me julgando. Falou por si, é claro. Mas os demais endossaram com o silêncio ou a hipocrisia. Bem, saí junto com Jacira. Ela me deu o endereço da igreja que freqüenta. Acha que preciso de ajuda espiritual. Agradeci e peguei a condução para casa pensando em como o mundo é complexo e como aqueles que nos parecem os menos aliados acabam a nosso lado. Não contei à mamãe sobre o episódio para não deixá-la ainda mais triste. É preciso força, amiga, muita força.

Beijos,
Sílvia Maria

• • •

Zurique, 10 de maio de 1959

Querida Sílvia,

Inacreditável que crianças reproduzam a arrogância segregacionista dos pais. Questão de educação, que precisaria começar com os próprios pais. Mas Luís entenderá e crescerá como homem que conhece a vida real de seu povo. Ele poderá ajudar a construir uma sociedade melhor. Espero que suas lágrimas tenham ajudado a humanizar os corações destes pequenos burgueses cariocas. Estou indo passar alguns dias em Aspen, mas no fim do mês estou aqui de novo. Não deixe de escrever.

Beijos,
Nina

• • •

Rio de Janeiro, 19 de maio de 1959

Nina,

O mundo caiu sobre minha cabeça ontem. Fui vítima de minha estupidez. Recebi uma intimação judicial para daqui a duas semanas. Liguei para o Mário e ele me informou o que está acontecendo. Ednardo vendeu cópias das fotos em que apareço com Paulo. Esse material é decisivo no processo de guarda dos filhos. Estou perdida. O juiz vai favorecer o pai com semelhantes pro-

Separação

vas de infidelidade. Bem, eu estava chorando e começando a gritar ao telefone quando Mário sugeriu que eu fosse lá conversar com ele pessoalmente. Meia hora depois, eu me vi em meu próprio apartamento, completamente acuada. Mas ele estava um doce. Aquela tranqüilidade e gentileza de quem está com a faca e o queijo na mão. Sabe o que ele me sugeriu? Que voltasse para casa e não pensasse mais em bobagem. "Tudo vai se ajeitar", ele disse. "Tudo vai se ajeitar..." Ele me tratou como um menino malcriado que aprendeu a lição e agora vai se comportar. Meu asco por ele atingiu a mais alta escala do padrão nojo, se tal medida quantitativa existisse. Mas estou em suas mãos. Voltarei para casa com as crianças, para a minha vidinha de dona-de-casa. Minha separação foi apenas um espasmo de felicidade que se evaporou com o fim do verão. Triste, não? O que fazer? Condicionei minha volta ao pagamento do que devo a você, querida amiga. Foram três mil dólares, não? Com esse dinheiro, poderia ir com você para Aspen, arrumar um amante e esquecer este barulho todo. Como pode ver, amiga, estou ficando cínica também.

Beijos,
Sílvia Maria

sobre
espasmos de verão

É difícil acreditar que todo o drama vivido por Sílvia Maria, na tentativa de se separar do marido, tenha se passado há menos de 50 anos! Hoje, o fim de um casamento é apenas a solução de um problema, e não uma tragédia. Mas, naquela época, as formas de pensar e viver eram bem diferentes.

Voltando ao final dos anos 1950, quando se passa nossa história, constatamos que foram anos repletos de acontecimentos marcantes. Em agosto de 1958, começou a ser vendido nas lojas o disco de 78 rotações, do selo Odeon, do cantor João Gilberto, com as músicas "Chega de Saudade" (Tom Jobim e Vinicius de Moraes) e "Bim Bom", do próprio cantor. A forma intimista de cantar, o arranjo econômico e os acordes dissonantes surpreendem e modificam todo o cenário musical da época. É o início da bossa nova.

O Brasil conquistou a Copa do Mundo, na Suécia; o sonho de Juscelino Kubitschek de construir Brasília tornou-se realidade; a indústria automobilística brasileira avançou, lançando, em 1959, o primeiro Volkswagen, obedecendo, com poucas modificações, ao projeto lançado na Alemanha 20 anos antes.

As gírias estavam em todo lugar. Homem bonito era um *pão*, algo muito bom era *bárbaro*, uma pessoa charmosa tinha *borogodó*, se alguém queria se exibir, *tirava uma chinfra*, o fácil era *sopa no mel* e, se você bobeasse, estava *marcando touca*. Eram "os últimos momentos em que ninguém era careta ou doidão, alienado ou engajado, direita ou esquerda, vanguarda ou reacionário, brega ou chique. (...) Tempos de elegância formal, que obrigavam a mulher a se definir entre a linha saco, trapézio ou balão".[1] Celly Campelo estourou em 1959 com "Estúpido Cupido", e as garotas montavam na garupa das lambretas de seus namorados e iam passear na despovoada Barra da Tijuca. Claro que só faziam isso as mais liberadas e, assim mesmo, escondido dos pais. Escondido também era usado o maiô de duas peças, a grande novidade, que inicia assim seu percurso rumo ao fio-dental. "A juventude era transviada, mamãe rebolava no bambolê, Carmem Mayrink Veiga se esbaldava com lança-perfume e o catecismo assinado pelo deus Zéfiro ficava escondido com o diabo debaixo dos colchões."[2]

Ao mesmo tempo, a repressão da sexualidade era intensa. A historiadora Carla Bassanezi, que escreveu um livro sobre as revistas femininas e relações homem-mulher de 1945 a 1964, nos diz: "A jovem deve 'provar' que é 'boa moça', pura, recatada, fiel, prendada, boa dona-de-casa e futura boa mãe. O rapaz precisa demonstrar – para a namorada e sua família – que é honesto, responsável, trabalhador e 'respeitador' com relação à sua eleita, enfim, um 'bom partido'. A mãe deve preparar a filha para o casamento, vigiar de perto seu comportamento, ajudá-la na escolha do noivo, controlar suas saídas e horários, zelar por sua reputação, manter o pai informado do assunto etc. Ao pai, cabe avaliar o pretendente e cuidar para que sua filha seja sempre vista como uma 'moça de família', protegendo sua honra diante dos outros."[3]

Havia grande preocupação com a opinião alheia quanto à conduta, principalmente das mulheres. "O que os outros vão dizer?", perguntavam as mães aflitas a qualquer pequena ousadia de suas filhas. As aparências e as normas sociais tinham peso excessivo. A reputação das moças se apoiava em sua capacidade de resistir aos avanços sexuais dos rapazes. A idéia parece ser a de que, se ela

Separação

não resistisse ao namorado, não resistiria a outros homens depois de casada. Os homens insistiam por mais intimidade, mas os que alcançavam seus intentos se desencantavam. As revistas femininas aconselhavam as moças a não permitir liberdades. Advertiam que, se não resistissem, seriam dispensadas e esquecidas pelo namorado, que não se lembraria da moça a não ser pelas liberdades concedidas. Casar, para a mulher, era a principal meta a ser alcançada na vida. E, para isso, era necessário impor respeito. A "fácil" ficava malfalada, diminuindo, assim, suas chances de encontrar um marido.

O sexo estava vinculado à procriação, pois não havia ainda pílula anticoncepcional, mas, por conta de todos os preconceitos, as mães solteiras eram repudiadas. Afinal, a mulher que tinha relações sexuais antes do casamento era considerada indecente, sem-vergonha, indigna. A atriz Maria Pompeu tinha 20 anos nessa época e declarou: "Em 58 perdi a virgindade com um rapaz de quem já estava noiva havia dois anos. Eu pretendia me casar com ele, que era carinhoso e todo dia ia me pegar na Maison de France, onde eu estudava francês e fazia minhas peças. Depois que perdi a virgindade, o sujeito não quis mais saber de casamento. Foi uma tragédia em cinco atos. Como eu ia casar se não era mais virgem?"[4]

Sílvia Maria se casou virgem, provavelmente acreditando que ficaria casada até a morte. Entretanto, após oito anos de vida em comum, não quer mais continuar ao lado de Mário. Não há uma razão clara, nada de especial, a não ser o fato de considerá-lo um chato. "Eu vou me separar. Ainda desconheço de onde buscarei forças, mas vou conseguir."

Mário afirma que Sílvia não sairia de casa para não perder o direito de ver os filhos. "Deixou bem claro que eu não tinha argumentos para pedir a separação e que nenhum juiz acharia razoável romper um lar em nome da futilidade." Naquela época não havia separações amigáveis. Na maioria dos países ocidentais, o casamento constituía um contrato duradouro e não era permitido o rompimento, a não ser em casos de faltas gravíssimas cometidas por um dos cônjuges. Entre elas, estava o abandono do lar, adultério, alcoolismo e violência física. "O pior de tudo é que ele é gentil, não me trai, até onde eu perceba, comporta-se como bom pai, é equilibrado, possui boa saúde...", diz Sílvia para Nina. Portanto, mesmo farta da falta de assunto e de ficar sentada no sofá em frente à TV, suas chances de conseguir se separar são remotas.

O amor chega ao casamento

Até as primeiras décadas do século XX, na maioria dos casamentos os cônjuges eram escolhidos pelos pais. Os interesses econômicos e políticos pesavam na decisão. A expectativa de uma mulher quando se casava era a de um marido provedor e respeitador. O homem, por sua vez, esperava uma esposa dedicada a ele, aos filhos e à casa. Não se esperava mais do que isso, portanto, não havia tantas frustrações que motivassem a separação. Mas o casamento por amor, que se generalizou a partir da década de 1940, transformou as expectativas, que passaram a ser de realização afetiva e prazer sexual. O amor romântico é construído em torno da projeção e da idealização sobre a imagem em vez da realidade. A pessoa amada não é percebida com clareza, mas através de uma névoa que distorce o real. Parece ter sido esse o caso de Sílvia Maria ao só perceber o que não suportava em Mário após alguns anos de vida em comum.

O desquite, introduzido em 1942 no Código Civil, possibilitava a separação legal dos casais, mas não dissolvia os vínculos conjugais nem admitia novos casamentos. Como qualquer ameaça ao casamento era alvo de críticas, ele era considerado imoral, uma chaga da sociedade. Embora, como hoje, as mulheres fossem responsáveis pela maioria dos pedidos de separação, a situação delas era bem difícil. Apesar de só se separarem quando o casamento se tornava insuportável, elas eram discriminadas e representavam uma vergonha para a família. "Desquitados de ambos os sexos eram vistos como má companhia, mas as mulheres sofriam mais com a situação. As 'bem-casadas' evitavam qualquer contato com elas. Sua conduta ficava sob a mira do juiz e qualquer passo em falso lhes fazia perder a guarda dos filhos."[5]

As tentativas de Sílvia Maria de conversar com Mário sobre a separação não surtiam efeito. "Fingiu que nada tinha sido dito. Pareceu o resto do dia tão feliz quanto antes. Eu me senti uma idiota. Tranquei-me no banheiro e chorei uma hora sem parar. Ele simplesmente desconsiderou o que eu disse." Era comum os homens desqualificarem as atitudes e opiniões de suas esposas. Afinal, a mulher foi durante muito tempo considerada incapaz, inferior. "De fato, apesar das transformações que chegavam, o Código Civil de 1916 mantinha o compromisso com o Direito Canônico e com a indissolubilidade do vínculo matrimonial. Nele, a mulher era considerada altamente incapaz para exercer certos atos e mantinha-se em posição de dependência e inferioridade perante o marido. Complementaridade de tarefas, sim. Igualdade entre homem e mulher, nunca. Ao marido, cabia representar a família, administrar os bens comuns e aqueles trazidos pela esposa e fixar o domicílio do casal. Quanto à esposa, bem... essa ficava no nível dos menores de idade ou dos índios. (...) Nem trabalhar a mulher podia sem autorização do marido. Aceitava-se mesmo o uso da legítima violência masculina contra os excessos femininos. A ela cabia o espaço privado; a ele, o espaço público."[6]

A procuradora de Justiça de São Paulo, Luiza Nagib Eluf, nos esclarece que a mulher esteve totalmente submetida ao homem, quando casada, até o advento do "Estatuto da Mulher Casada", de 1962. Essa lei melhorou a situação da mulher casada, que adquiriu maior independência. Antes do Estatuto, a mulher casada não tinha o controle nem de seus próprios bens. Não podia viajar sem autorização do marido – por aí dá para perceber que ela não podia fazer nada sem a anuência dele, nem sair desacompanhada pela rua, porque seria malvista. No entanto ela podia pedir a separação, caso o cônjuge tivesse infringido algum dos deveres do casamento, como a fidelidade, o provento do lar, a prestação sexual. Naquela época, falava-se muito de "incompatibilidade de gênios" para justificar uma separação sem ofender ninguém. O que existia era o "desquite"; divórcio, nem pensar. O Estatuto da Mulher Casada, porém, não resolveu tudo. Os atos mais relevantes da vida civil a mulher não podia praticar sem autorização do marido. Por exemplo, não podia entrar com uma ação judicial contra quem quer que fosse! De fato, ela tinha uma situação de "semi-incapaz", equiparada aos menores de idade. A Lei do Divórcio (1977) melhorou um pouco mais a situação da mulher casada, mas principalmente ajudou os filhos nascidos fora do casamento oficial. A verdadeira igualdade legal só veio com a Constituição Federal de 1988, o que não significa que, na prática, haja igualdade.

Em todo o mundo ocidental havia a mentalidade de cobrar submissão da mulher. Na Inglaterra, a supremacia masculina era tão clara que um guia dos anos 1950, *Como ser uma esposa perfeita*, ousou escrever: "Seja alegre, preocupando-se com o conforto dele; isso trará grandes satisfações pessoais. Mostre sinceridade no desejo de agradar; fale com voz lenta, quente e agradável. Lembre-se de que ele é o patrão e que, por isso, vai exercer sempre seu poder com justiça e habilidade. Não faça perguntas, uma boa esposa sabe reconhecer seu lugar."[7] E essas recomendações não eram em nada diferentes das oferecidas pelas revistas femininas no Brasil.

As mulheres não existiam por si próprias. Até hoje são definidas pelo seu relacionamento com o homem. As designações tradicionais para uma mulher demonstram claramente essa verdade na cuidadosa descrição que fazem do seu status – senhorita (que não tem homem) ou senhora (que tem um homem ou já teve, mas ele partiu ou morreu) – e no significado da expressão "casar-se bem".

Elas tinham de usar, quando casavam, o sobrenome do marido, em detrimento do próprio. Esse fato tem como origem deixar claro que a mulher é propriedade do homem.

"Minha vida é toda paga pelo salário de meu marido para eu ser a senhora Bastos Albuquerque, até que a morte nos separe. E fim de papo. Só que não agüento mais o Mário, Nina", desabafa Sílvia Maria. A principal fonte de segurança para uma mulher, o que se esperava dela, era exercer exclusivamente o papel de esposa e mãe. Sobreviver sem os rendimentos do marido, principalmente com filhos, era algo impensável. Nina se oferece para emprestar dinheiro para o detetive, mas avisa a amiga: "O problema maior, querida, é a dependência financeira."

A dependência econômica da mulher foi uma motivação importante da tendência monogâmica presente em nossa cultura. O marido jamais admitiria uma infidelidade e, dessa forma, ela não teria como sobreviver. Um flagrante de adultério, por exemplo, fazia com que a mulher perdesse todos os seus direitos. O homem sempre temeu um rival mais competente no sexo e sempre teve pavor de ser estigmatizado como corno. Isso demonstraria a todos que ele não soube fazer-se respeitar e que não foi suficientemente homem para segurar a mulher. O fracasso em corresponder ao ideal masculino o exporia ao ridículo e ao desprezo. O mesmo não acontece se o marido é infiel. "Uma mulher enganada não é desprezada, mas lamentada, pois a infidelidade do marido constitui um perigo real para a mulher economicamente dependente."[8] Por isso, sempre houve mais condescendência para com a infidelidade do marido. Mas os homens, como no caso de Mário, também se sentiam humilhados se a esposa desejasse se separar.

Sob jugo do patriarca

Sílvia Maria diz sentir-se como o náufrago abraçado ao tronco flutuante. Sabe que não vai morrer afogada, mas está desesperada por estar condenada a passar o resto da vida agarrada a ele. O casamento foi usado como arma ideológica contra a mulher. Numerosos slogans são testemunha disto: a pessoa só se realiza no casamento; como você vai se manter se não se casar? A única vantagem da mulher é ter filhos. A mulher passa, assim, da dependência familiar paterno-materna à submissão ao marido, aceita pela sociedade. A mulher fica restrita ao espaço privado, e é óbvio que manda quem tem o dinheiro, ou seja, o homem.[9]

Na educação dos filhos os pais também tinham total poder. Isso começou há cinco mil anos, com a instalação do sistema patriarcal. Na Roma antiga, quando a criança acabava de nascer, a parteira a colocava no chão. O pai não *tinha* um filho. Ele o *tomava*. Se o pai não o levantasse, era exposto a quem quisesse recolhê-lo. Da mesma forma, seria rejeitado se o pai estivesse ausente e ordenasse à mulher grávida que assim o fizesse. Casar, só com o consentimento paterno. Freqüentemente, o pai escolhia quem os filhos deveriam desposar.

A situação da filha mulher era mais grave. A autoridade do pai sobre ela era maior do que sobre o filho homem. Assim, ela se sujeitava primeiro ao pai e depois ao marido. Para o direito romano, que imperava na Idade Média, a mulher era a eterna menor. A herança do pai lhe era recusada ou então submetida à autoridade do marido. A mulher, não passando de simples objeto, servia ao homem apenas como instrumento de promoção social por meio do casamento, como objeto de cobiça e distração ou como um ventre do qual ele tomava posse e cuja função principal era a de fazer filhos legítimos.

Esse antagonismo entre os sexos impede uma amizade e um companheirismo verdadeiros, fazendo com que a relação entre homem e mulher se deteriore. As relações conjugais sempre foram de condescendência de um lado e obrigação de outro, cheias de desconfianças, ressentimentos e temores. Na década de 1950, "era indisfarçável o conformismo da maioria das mulheres diante da condição de sujeição imposta pela lei e pelos costumes: serva do marido e dos filhos, sua única realização aceitável acontecia no lar.[10]

Homens e mulheres tendem a adaptar-se, a fazer o que deles se espera. Ou seja, a cumprir o papel que a sociedade lhes atribui. Todas as teorias predominantes em todas as épocas a respeito da mulher foram formuladas por homens. Não é de estranhar, portanto, que ela tenha sido considerada sempre inferior, com pouca força física e carência de níveis abstratos de pensamento. Muitas mulheres acabam acreditando em tudo isso, com graves danos para a sua posição social e seu desenvolvimento pessoal. Estas teorias, que, na realidade, têm mais de mito que de qualquer outra coisa, fizeram da mulher um ser relegado ao espaço da casa, da procriação e dos filhos, ausente da vida pública e política, discriminada para estudar e crescer profissionalmente.[11]

"... Mário me chamou para conversar. A lengalenga era esperada. Fez uma longa volta para argumentar que era melhor para mim estar ali, protegida, num mundo cruel e com cada vez menos oportunidades para os menos preparados, leia-se EU." Sílvia Maria, como todas as mulheres da época, foi educada para se acreditar incompetente, com absoluta necessidade de proteção. Exatamente como *Cinderela*, *Branca de Neve* e *A Bela Adormecida*, histórias há muito contadas às meninas.

Nos contos de fadas as mulheres aparecem como submissas, dóceis e assexuadas. Existem algumas que até fazem mágicas, mas a mensagem central não é a do poder feminino, e sim da impotência da mulher. O homem, ao contrário, tem o poder, a coragem, a força. Ele não só dirige todo o reino, como também tem o poder mágico de despertar a heroína do sono profundo com um simples beijo. Tudo o que uma mulher pode fazer é esperar que o Príncipe Encantado a considere atraente o suficiente para se interessar por ela. Por desempenhar um papel passivo – freqüentemente está em coma, esperando ser salva por ele –, não o ameaça em nada, podendo ser, portanto, escolhida para ser sua esposa.

Para que a relação entre os sexos se mantenha dentro do esquema de superioridade do homem, a principal aspiração da mulher deve ser a de viver um grande romance, sujeitando-se a qualquer sacrifício para isso. Cinderela não tem nenhum plano ou projeto de vida, senão ser salva pelo príncipe e casar-se com ele. Mas o episódio do famoso sapatinho traz outro significado dramático. Para a mulher ter sucesso, melhorar de vida, seu corpo tem de corresponder a determinadas exigências masculinas, nem que para isso seja necessário mutilá-lo. É o que acontece com as irmãs de Cinderela, que cortam um pedaço dos pés, para que caibam no sapatinho.

Além da incompetência de lutar por si própria, comum às principais heroínas, Cinderela é enaltecida por ser explorada dia e noite, trabalhando sem reclamar e sem se rebelar contra as injustiças. Padece e chora em silêncio. Seu comportamento sofrido, parte do treinamento para se tornar a esposa submissa ideal, é recompensado. Seu pé cabe direitinho no sapato e ela se casa com o príncipe. No final, ela alcança a realização ao subir no cavalo do príncipe e partir para viver feliz para sempre no castelo dele. É claro que a história tem de parar por aí. Além do fato de a jovem jamais ter interagido com o mundo, agora mesmo não se terá mais notícias dela, e muito menos do dia-a-dia do casal. No entanto o mais grave nos contos de fadas é a idéia de que as mulheres só podem ser salvas da miséria ou melhorar de vida por meio da relação com um homem. As meninas vão aprendendo, então, a ter fantasias de salvamento, em vez de desenvolver as próprias potencialidades e buscar relações em que haja uma troca afetivo-sexual, em nível de igualdade com o parceiro.[12]

"Existe somente um instrumento para obtermos a 'libertação', e esse é nossa emancipação a partir de dentro. A dependência psicológica – o desejo inconsciente dos cuidados de outrem – é a força motriz que ainda mantém as mulheres agrilhoadas.(...) Uma rede de atitudes e temores profundamente reprimidos que retém as mulheres numa espécie de penumbra e impede-as de utilizarem plenamente seus intelectos e criatividade. Como Cinderela, as mulheres de hoje ainda esperam por algo externo que venha transformar suas vidas."[13]

A perda da autonomia

Apesar de Sílvia Maria estar decidida, poucos pensavam realmente em se separar. Homens e mulheres tinham dificuldade de convívio social, visto que a maioria das pessoas ficava casada a vida toda e esses "desgarrados" representavam uma ameaça constante aos casais. Poderiam interessar a um dos cônjuges ou poderiam servir como um perigoso exemplo. Não formar um par era algo associado a não ter uma família, até então único meio de não se viver na mais profunda solidão. Tudo isso causava tanto medo – e para muita gente ainda causa – que era preferível contentar-se com uma relação morna, frustrante e mesmo difícil de suportar dentro do casal a arriscar viver sozinho. Contudo "a solidão prejudicial ao ser humano é a solidão das relações estéreis, a solidão do estar juntos, mas permanecendo como que isolado em uma câmara transparente que impeça toda e qualquer comunicação".[14]

Às mulheres, eram negadas quase todas as experiências do mundo. Elas eram consideradas incompetentes e desinteressantes. A expectativa em relação à mulher casada, principalmente se o marido desempenhasse bem seu papel social, era a de que ela se contentasse com a vida em família. Ela não deveria desejar nada além disso nem ter vontade própria. "Se, em algum lugar do mundo, resolvessem levar as mulheres que já cumpriram sua função de ter e criar os filhos a um paredão de fuzilamento ou a uma câmara de gás, o mundo inteiro clamaria em altos brados pelo genocídio cometido. No entanto o que acontece é o assassinato sutil e lento, metódico e invisível da mulher casada."[15]

A mulher, quando se casava, o que ainda hoje acontece em muitos casos, perdia parte de sua individualidade. Sílvia Maria se lamenta, dizendo ter de ser até o fim da vida a Sra. Bastos Albuquerque. Os amigos geralmente são do casal, e seus amigos homens, de forma geral, foram devidamente afastados durante o período de namoro antes do casamento. Suas amigas deverão passar pelo crivo de aceitação do marido e é claro que as mais liberadas ou as mais independentes serão rapidamente afastadas. Provavelmente, Mário só aceitava a amizade de Sílvia Maria e Nina porque esta também era casada e morava longe.

A vida da mulher, ao casar, muda também pelo fato de ser a responsável pela manutenção do lar com todas as obrigações. Seus horários de lazer tornam-se limitados a períodos entre os deveres domésticos; suas diversões serão aquelas que interessam a seu marido. Uma mulher casada não sai sozinha à noite para divertir-se – isto seria tão inaceitável para ela e o marido quanto para a pessoa que a convidasse. Na época em que se passa a história de Sílvia Maria, era imposta também uma mudança na maneira de vestir – uma mulher casada deveria usar roupas de acordo com sua nova situação e, quanto mais importante fosse a posição de seu marido, maior seria essa imposição. O modo de vestir, a maneira de se comportar em público, de rir e falar, a maneira de expor suas idéias, se é que tivesse a audácia de tê-las, isso é condicionado ao fato de ser casada.[16]

Alienação à força

Não sabendo mais como lidar com a insubordinação de sua mulher, Mário resolve interná-la numa clínica para pacientes psiquiátricos. "A mulher casada, em caso de suposta insanidade, está nas mãos do marido. Durante os primeiros dias esperneei, gritei, fui medicada com tranqüilizantes violentos e, por fim, fui à lona, derrubada", desabafa Sílvia Maria. Para a historiadora francesa Michele Perrot: "O corpo está no centro de toda relação de poder. Mas o corpo da mulher é o centro, de maneira imediata e específica. Sua aparência, sua beleza, suas formas, suas roupas, seus gestos, sua maneira de andar, de olhar, de falar e de rir são objeto de uma perpétua suspeita. Suspeita que visa a seu sexo, vulcão da terra. Enclausurá-las seria a melhor solução: em um espaço fechado, controlado, ou no mínimo sob um véu que mascara sua chama incendiária. Toda mulher em liberdade é um perigo e, ao mesmo tempo, está em perigo, um legitimando o outro. Se algo de mau lhe acontece, ela está recebendo apenas aquilo que merece."[17]

Ao sair da clínica, Sílvia Maria continua firme em seu propósito, mas sem apoio algum dos pais. Só com um motivo muito grave, a família ficaria a seu lado no caso de separação. Graças a seu olho roxo, após apanhar violentamente de Mário, ela consegue sair de sua casa e ir morar na casa dos pais. Além de toda a vergonha que a situação causava, havia a discriminação sofrida pelos filhos de pais separados. "Parece inacreditável, mas Luís, meu filho querido, foi chamado de 'filho-da-puta' pelos colegas. Um dos meninos da classe dele perguntou se eu era separada. Quando Luís respondeu que sim, o tal garoto completou: 'Então você é filho-da-puta!!!'" Muitos colégios não aceitavam filhos de pais separados e não era raro que as famílias não permitissem amizade com essas crianças.

As fotos de Sílvia Maria com Paulo foram mostradas a Mário, que fez delas o uso que lhe convinha. Para não perder a guarda dos filhos, Sílvia não encontrou alternativa: "Mas estou em suas mãos. Voltarei para casa com as crianças, para a minha vidinha de dona-de-casa. Minha separação foi apenas um espasmo de felicidade que se evaporou com o fim do verão. Triste, não? O que fazer?" Naquela época, os juízes eram todos homens e ficavam indignados ao ver uma reles mulher pleitear seus direitos. Embora, por vezes, fossem paternalistas, no geral a mera suspeita de que a esposa tivesse traído o marido era suficiente para que ela perdesse tudo: os bens, a guarda dos filhos, a pensão alimentícia, a respeitabilidade social. O marido poderia até matar que seria absolvido por "legítima defesa da honra".

Lentamente, as mentalidades começaram a mudar, preparando as grandes transformações que ocorreriam nas décadas seguintes. "As posições antidivorcistas eram majoritárias. Uma 'segunda chance' tinha pouca possibilidade de se efetivar. Mesmo assim, a proporção de separações cresceu nos censos demográficos entre as décadas de 1940 e 1960. Na burguesia, também tornou-se mais comum que cônjuges separados seguissem tocando a vida, reconstituindo seus lares mediante contratos formais ou uniões no exterior."[18]

Sementes do futuro

Até os anos 1950, em todo o Ocidente, a maioria dos jovens partilhava o mundo de seus pais. Viam os mesmos filmes, gostavam das mesmas músicas no rádio e compartilhavam os mesmos valores. De repente os dois universos se dissociaram. Os jovens não querem se parecer com seus pais. A incerteza dos anos pós-guerra parece impor novas regras: os pais propõem as deles e os jovens as recusam. Os jovens consideram seus pais quadrados. Os pais olham esses adolescentes e não conseguem penetrar em seu mundo. A ruptura da comunicação familiar se tinge de uma dupla agressão. Os adolescentes buscam uma identidade dentro de sua própria subcultura, com seus ídolos, seus filmes, sua música.

Sexo e rebelião, uma coisa só. Uma geração inteira se identifica com James Dean, em *Juventude transviada*, ou com Marlon Brando, em *O selvagem*, e, como eles, sente-se dilacerada. A delinqüência juvenil, dos dois lados do Atlântico, proveniente de

Separação

um sentimento de alienação, caracteriza esse período. Os censores britânicos se preocupam com os ataques à ordem social assim como contra a moral. O filme de James Dean é selvagemente cortado e o de Marlon Brando, proibido. A música negra, banida das grandes redes, mas difundida pelas pequenas estações novas, é o denominador comum das revoltas. Os jovens a ouvem dia e noite, para desespero de seus pais. Quando Elvis Presley rebolava as ancas sensualmente, e a TV da época só podia mostrá-lo da cintura para cima, era sinal de que a revolução sexual estava começando. Os *beatniks* abriram essa porta e a geração seguinte fez sexo alucinado ao som de Jimmy Hendrix ou com a voz rouca de Janis Joplin ao fundo.[19]

De todos os fenômenos de natureza sociocultural que afetaram o comportamento nas sociedades ocidentais durante o século XX, o mais importante foi a chamada Revolução Sexual. Séculos de repressão criaram um modo de viver antinatural e neurótico. A libertação tornou-se, assim, uma necessidade da espécie, e sua urgência se manifestou tanto em termos teóricos quanto práticos. Mas ela só ganhou verdadeiro significado para a civilização ocidental quando atingiu grandes segmentos da população, modificando as mentalidades e, principalmente, o comportamento das pessoas.

O principal objetivo é a eliminação, ou pelo menos a diminuição, da repressão sexual. A aspiração, em suma, é por uma maior liberdade sexual. Essa aspiração sempre foi experimentada como uma necessidade crucial pela maioria das pessoas, que, porém, tradicionalmente, optavam entre dois extremos mórbidos, que lhes eram normalmente oferecidos: ou se submetiam de corpo e alma à repressão, o que originava distúrbios psíquicos, que iam da neurose generalizada até extremos psicóticos mais graves; ou procuravam atender às solicitações naturais das pulsões sexuais em segredo, escondidas de modo hipócrita e mentiroso. De qualquer maneira, a repressão sexual sempre levou à doença psíquica. O combate à repressão e a aspiração pela liberdade sexual significam busca decidida da saúde psíquica, que exige sinceridade consigo próprio, honestidade de propósitos e, principalmente, coragem.

Além da audácia do espírito em busca da liberdade, a Revolução Sexual foi favorecida por avanços tecnológicos, como o advento da pílula anticoncepcional. Assim, a derrubada de práticas obscurantistas, como o tabu da virgindade, a discriminação de pessoas separadas, a justificação de crimes passionais em nome da honra e outras aberrações de comportamento do mesmo quilate, passou a ser objetivo prioritário das novas gerações. Essas mudanças marcaram o século XX e, embora incompletas, abriram caminho para uma libertação mais ampla e saudável nos primeiros anos do século XXI.

Notas

1. Ferreira dos Santos, Joaquim. *Feliz 1958 – o ano que não devia terminar.* p.11.
2. Ibidem. p.16.
3. Bassanezi, Carla. *Virando as páginas, revendo as mulheres.* p. 73.
4. Ferreira dos Santos, Joaquim. Op. cit. p. 49.
5. Del Priori, Mary. *História do amor no Brasil.* p. 295.
6. Ibidem. p. 246.
7. Hickman, Tom. *Un siècle d'amour charnel.* p. 106.
8. Reich, Wilhelm, *Casamento indissolúvel ou relação sexual duradoura?.* p. 38.
9. Kusnetzoff, Juan Carlos. *A mulher sexualmente feliz.*
10. Del Priori, Mary. Op. cit. p. 248.
11. Kusnetzoff, Juan Carlos. Op. cit.
12. Eisler, Riane. *O prazer sagrado.*
13. Dowling, Colette. *Complexo de Cinderela.* p. 26.
14. Morgado, Belkis. *A solidão da mulher bem-casada.* p. 78.
15. Idem.

16. Ibidem.
17. Perrot, Michele. *As mulheres e os silêncios da história.* p. 447.
18. Del Priori, Mary. Op. cit.
19. Hickman, Tom. Op. cit.

Abraço desfeito

Querido Humberto,

De início, não quero me mostrar cínica ao revelar a sobrevivência de meu afeto te chamando de querido. Apesar dos dias vagarosos e tensos que temos vivido, continuo te querendo um bem enorme. Meu desejo de separação é uma forma de preservar esse bem-querer. É impossível estar saudavelmente afeiçoado a quem nos faz infeliz. Resolvi escrever este memorando, que, embora não tenha natureza comercial, como indica o dicionário, serve para lembrar "o que não deve ser esquecido". Será um pouco maior também do que o usual nessa forma de comunicação, mas creio que se presta a seu propósito. Tentei conversar com você. Aliás, estou tentando há três meses, quando te comuniquei pela primeira vez que iria morar só. Você deve lembrar aquela noite de sexta-feira, quando resisti a seu convite para jantar fora, preferindo a conversa, sentados na sala, frente a frente, tentando evitar o drama, mas tendo a certeza de que ele nos envolveria de forma irremediável. Sua negação diante de minha comunicação foi tamanha que você sorriu, como se tudo fosse brincadeira. "Hoje tem preliminar do Brasil para a Copa", você desconversou, e foi apanhar uma cerveja. Fiquei atônita. O homem sério, preciso, coerente, bom pai, bom marido, ignorava minha tentativa de falar sobre um assunto tão sério: nossa separação. Se você consegue lembrar, se não "deletou" de seu HD, como se refere ao que joga fora de sua mente nesses tempos informatizados, deve recordar que voltou da cozinha com a lata de cerveja na mão e disse: "Vamos dar um pulo em Buenos Aires, está tudo baratíssimo por lá e podemos fazer uma nova lua-de-mel." Não fora a estupefação e eu deveria rir. Talvez você possa imaginar um tango argentino refazendo nossa vida amorosa ou, então, reproduziríamos por lá nosso triste cotidiano de casal que pratica um sexo apenas morno. Após a patética proposta, você ligou a TV e o campo verde o absorveu como se nada houvesse acontecido e minha notícia de separação não passasse de uma alucinação ruim. Naquele dia concluí que uma terrível batalha se iniciava, a luta para sair de casa e viver a minha vida. Acho que você me subestimou, Humberto. Aliás, tenho certeza. Você não notou que a estudante de administração com quem casou evoluiu, formou-se, empregou-se, cresceu na empresa, chegou a gerente de área, passou a mandar em homens de sua idade e formou um grupo de amigos que vivem outras vidas com as quais ela pode comparar a sua. A Juliana, da PUC, passou a ser a especialista em comercialização da região Centro-Sul, ganhando quase o mesmo que você. Não quero ser mesquinha. Se apresento dados realistas é para que você se dê conta de que posso viver só e administrar minha vida com total segurança. Mas você sabe disso. Depois daquela sexta em que descartou nosso acerto de contas, mudou. Eu notei, Humberto, como você acusou o golpe. Uma sombra atravessou seu rosto desde então e permaneceu lá. Ficou claro, em seu íntimo, que nossos dias estavam contados. Eu também fiquei triste, querido, porque nossa vida era quase boa, mas esse "quase" faz uma diferença brutal. Uma vida é uma coisa inteira, Humberto. É feita de trabalho, esperança, afeto, diversão, desejos... Qualquer desses itens faz muita falta. Por que eu deveria abrir mão? Arrisco que para você esteja tudo bem assim, que não lhe incomode o pouco sexo que fazemos e sua qualidade. Resisto a crer que você possui alguém. Aliás, ficaria contente em saber que há alguém em sua vida. Seria prova de que

Separação

você não riscou o prazer da existência, preservando sua integridade afetiva. Eu tenho amigos e amigas, e colegas casados e solteiros. Sinto-me uma deficiente perto deles. Aos 34 anos, Humberto, sou muito jovem para esquecer o desejo. Sou bonita. Recebo pelo menos uma cantada por semana, mas tenho relutado em ceder, em respeito a você. Isso acabou. Na semana passada. Não. Nem estou apaixonada nem vou me casar no dia seguinte à nossa separação definitiva. Estou tentando argumentar para que você perceba que não sou fútil, mas estou definitivamente cansada de nossa pasmaceira amorosa. Rememoremos: nosso último relacionamento satisfatório foi em janeiro de 2003, às 11 horas de uma noite de sábado. Bebemos champanhe para comemorar o aumento de capital de sua empresa e depois você me abraçou, beijou... As crianças estavam na colônia de férias, o que permitiu que transássemos na varanda, sob a luz das estrelas. Foi excepcional. Tudo durou uns dez minutos, incluindo preliminares, mas houve ereção, penetração e, de minha parte, quase um orgasmo. Desde então, complemento me tocando. Assim como freiras ou presidiárias, eu me masturbo. Interessante que faça tanta diferença. Quando falei com mamãe, ela achou normal. "Casamento é assim", ela disse, "o sexo se banaliza." Não me contaram e acho que ela está errada. Deve ter sido lá, no tempo dela. A experiência que amigas me passam não bate com essa informação. Há as que reclamam da freqüência, mas nada tão insosso. Você sabe disso, tanto que no dia seguinte à minha tentativa de conversa, no sábado depois do jogo do Brasil, você ensaiou me agarrar. Mas foi, como sempre, frouxo, Humberto. Não me motiva. Falta garra em nossas transas e concluí pela ausência de um dado fundamental: TESÃO. Você não tem mais tesão por mim. E tesão é fundamental, Humberto. Sem ele, é melhor separar... Fôssemos duas provectas criaturas, octogenárias, vá lá... Mas você está com 47 anos, Humberto... é cedo demais... Eu sei, você disse, chega uma hora em que a relação entre marido e mulher vira incesto... Mas não quero viver como irmã ou, pior, como mãe. A sua dependência emocional chegou a níveis insuportáveis. Eu não me incomodaria se o sexo fosse bom, mas ser sua babá sem tesão, não mesmo. Ninguém me avisou da armadilha de tratar o marido com o carinho e a devoção que se dedica a um filho. São coisas diferentes, que exigem tratamentos diversos, Humberto. Quando você grita, com voz infantil, que seu barbeador não está no lugar de sempre, eu me desespero. Juro que me dá raiva. Mas este é um memorando, vamos recordar. Após o dia do jogo, quando você ignorou minha decisão, contei ao analista e ele me preveniu que não seria fácil. Saí de lá com a sensação de ter descoberto uma doença fatal. Você seria um câncer desenvolvido ao longo de nossos dez anos e meio de casados. Pior do que a doença, porque a condenação seria a de morta-viva, a seu lado. Sei, sei, você vai dizer que estou dramatizando... Que bom que fosse assim, Humberto. Mas eu temo que não. Se não fosse por Rafael e Liane, eu extirparia você de minha vida, querido, sem dó, porque seria a coisa certa, mas temos nossos filhos. Eles estão no fim da infância e não é justo que joguemos sobre suas cabeças uma tragédia matrimonial. Eles precisam continuar amando e respeitando pai e mãe, como fomos acostumados a perceber. Mas continuemos a rememorar. Após conversar com o analista, ao ouvir os piores prognósticos, resolvi falar com você novamente a sério. Foi o dia que chamo hoje de falsa maturidade. Lembra? Fomos caminhar na Lagoa e sentamos sob um chorão. Então falei, comecei a dizer tudo, mas você me interrompeu, pediu desculpas por haver ignorado meu comunicado no dia do jogo e disse que estava consciente de que nossa relação estava no fim, que entendia isso e não faria nada para me prejudicar ou atrapalhar meus planos. Fiquei emocionada. Esse é o cara íntegro com quem casei, eu disse a mim mesma. Quase me recriminei por haver pensado mal de você. "Onde pretende morar?", você perguntou, como quem indaga de um amigo sobre sua nova residência. Eu sorri, não tinha ainda um lugar definido, mas queria ficar perto do mar. "E o que posso fazer para ajudar você?" "Bem, seja meu fiador", falei, ainda mais contente. E seguimos caminhan-

Separação

do sem falar mais no assunto, como se tudo estivesse certo. Como dois e dois são cinco, não é Humberto? Quando apresentei os papéis da fiança para você preencher, sua cara foi de surpresa e indignação. Foi o momento em que discutimos de forma áspera e você acabou chorando. Fiquei desarmada. Para piorar, Rafael chegou do colégio e estávamos mergulhados naquele constrangimento terrível de alguém sofrendo pela ação do outro. Eu passei a agressora, quando isso não é verdade. Quero comunicar a você que chamei nosso filho para uma conversa no dia seguinte. Expliquei tudo como se falasse para um adulto. Acho que é a melhor forma de fazer. Ele diz que entende. Talvez. Repito os mesmos argumentos que usei com ele. De que serve um casal? Se formos ver de um prisma estritamente prático e de acordo com a moral religiosa, ele serve para a procriação. Esta função cumprimos. Estamos com nossos dois rebentos e você fez vasectomia. Nossa finalidade como casal acaba aí. Acontece que as pessoas se casam também por amor, paixão, companhia. Desses três ingredientes, sobrou a companhia. O amor de um casal depende da paixão, senão é como o amor que se tem pela humanidade. Não há indivíduos. Eu te amo, como amo meus pais, irmãos e filhos. Se não há prazer no sexo, será esse o tipo de amor que podemos desenvolver? Resta a companhia. Somos pessoas que se complementam? Estou ansiosa durante o dia para que chegue a hora de sua volta do trabalho? Você pensa em mim várias vezes ao dia, querendo que o tempo passe? Não. A resposta é um sonoro não, Humberto. Antes, eu sou aquela pessoa que estará em casa administrando a empregada, supervisionando a lista de compras, reunindo as contas a pagar, dando atenção aos filhos. Não temos, praticamente, nenhum assunto em comum. Não falamos de política, eu não gosto de futebol, você não gosta de séries de TV, e eu poderia alinhar mais uma lista de NÃOs em comum. Por que devemos viver juntos, deitar na mesma cama, acordar e deitar juntos, se a única coisa que temos em comum, hoje, são nossos filhos? Mas, voltando ao memorando: quando você chorou naquele dia, eu o abracei e perguntei a razão de suas lágrimas. "O que você está perdendo com nossa separação?" Sem uma resposta convincente de sua parte, eu digo: a lamentação é pelo fim de um longo hábito. A maioria dos casamentos não passa disso. É tão difícil quanto parar de fumar, e a permanência também faz mal à saúde. Tanto para você quanto para mim. Aquele dia você chorava e não sabia dizer o porquê, até que agarrou meu braço com força e perguntou se havia alguém. "Não, não há ninguém", falei, mas esqueci de dizer que isso não deveria alegrar você, porque passa a haver uma chance para todo cara que souber me dar uma bela cantada. Eu sou uma mulher jovem e livre para o amor no terceiro milênio da civilização ocidental. A formação religiosa, que oprimiu as gerações de minhas antepassadas, já não pesa para mim. Eu não queria estar na sua pele, Humberto. Os homens de sua geração estão obrigados a encarar a realidade de que as mulheres não são fantoches com um buraco, por onde entra um pênis e sai uma criança. O peso da maternidade está cedendo diante das pressões da consciência, do saber, da história. No entanto tenho carinho por você, querido. Muito. Quisera poder colocar um clone em meu lugar para servir a você durante algumas horas. Uma cópia que soubesse das toalhas de rosto, que são guardadas no mesmo armário há dez anos. Suas lágrimas naquele dia me pegaram de surpresa. Você chorou pouquíssimas vezes, na minha frente, pelo menos. No velório de sua mãe, seus olhos estavam vermelhos. Ela abandonava, de vez, a carga de suportar seu pai durante 40 anos. O certo era estar feliz com o fim do calvário da pobre mulher. Mas o sofrimento, mais uma vez, era pela quebra do hábito. Nunca mais o telefone tocou às 19h30 em ponto para saber se você já havia chegado do trabalho. Eis uma mulher que te amou acima de todas as inconveniências. É o famoso "amor de mãe". Não peça isso a uma esposa. Não tente transformar funções diferentes de mulheres diversas, Humberto. Os hábitos mudaram de forma irremediável, pelo menos da classe média para cima. Após saber que não tenho ninguém, suas lágrimas cessaram. Os olhos ainda estavam vermelhos e a voz embargada, mas a pior conclusão não mais ameaçava. Sua mulher não fora roubada por outro homem. Que alívio, Humberto. Mas fiquei "pau da vida" com sua fragilidade, ou com seu egoísmo. Foi naquele dia que resolvi aceitar os convites insistentes do executivo paulista que negocia com nossa empresa. Há mais de ano que ele me convida para um jantar no... no... Qual é mesmo o melhor restaurante que vocês têm por aqui? Homem é assim, Humberto: competitivo e arrogante na hora da conquista. Saí com ele, embora o tipo não faça muito meu gênero. Sempre resisti ao estilo paulista. Seria cruel, e talvez inescrupuloso, descrever aqui meu primeiro encontro extraconjugal. Tão pouco gentil quanto não entender minha necessidade de morar só. Mas Renato (nome fictício) se diz apaixonado. Falou que mulheres bonitas, inteligentes e profissionalmente competentes possuem lugar certo no mercado e ao lado dos melhores executivos. Ele não é uma gracinha? Quer que eu vá trabalhar na empresa dele, ganhando mais do que no Rio, com participação nos lucros após certo período e com a indiscutível vantagem, segundo seu ponto de vista, de poder me tornar sua amante. É claro que não me interessa a posição de regra três sexual e profissional. Se fosse um parceiro erótico fora do comum era de pensar, mas, não, seu desempenho é quase o mesmo que o seu. Segundo uma amiga "rodada" (é assim que se diz?), apenas 20% dos homens sabem fazer sexo com mediana competência. Preciso enfileirar experiências com uns cem garanhões para encontrar os capazes. Há de ser agradável. Sugiro que você faça o mesmo. Com mulheres. Mas, voltando ao memorando: acho que você chorou com pena de si mesmo, Humberto. É terrível dizer isso, mas tudo indica que você só pensou na própria situação. Digo isso porque em nenhum momento você me perguntou pelo que estava errado e o que era possível fazer para que eu mudasse de idéia. Não houve de sua parte o mínimo interesse em saber por que nossa vida afetiva acabou. Você me tratou como a faxineira que pede demissão. Por quê? Meu Deus, por que você vai embora? Quem vai limpar o banheiro? Mas você chorou por sua incompetência emocional. Chorou em silêncio e escondeu, rápido, as lágrimas quando Rafael entrou correndo e jogou a mochila a nosso lado. Ele, que nunca vira o pai lacrimejar, porque homem não chora, ainda mais homem-pai, viu você tentando disfarçar. Imaginou que eu tinha feito algum mal a você, a culpa seria minha. Meu analista teve a caradura de dizer que é legal ele ter-se posicionado ao seu lado. Homens... mas eu o chamei e falei de novo, porque já o havia feito quando da minha decisão de separar: "Meu filho, seres humanos são todos iguais e todos diferentes; uns agüentam melhor, mas todos estão fadados à derrota." Estou convencida, Humberto, que devemos ensinar nossos filhos a suportar a queda, porque então saberão compreender e resistir. Falei: "Seu pai está sendo derrotado por sua cultura masculina, que se acha única e inevitável. Mas ele há de se levantar, há de encontrar outra mulher; quem sabe até consiga amar um dia." "Mas papai não nos ama?", ele perguntou. "Te ama", eu respondi, "porque você é parte dele. Ele ama seus próprios genes em você. De certa forma, é amor-próprio." Não sei se ele compreendeu inteiramente, mas não importa. Não posso mentir para meu filho. Amar a mulher com quem se vive é dar-lhe tudo, inclusive bom sexo, Humberto. Dar prazer é respeitar o outro. Não há respeito sem prazer, você entende? Você está me perdendo porque não respeitou meu direito de ser amada. Mas voltemos a nosso memorando. Houve o dia do descaso, depois o dia da falsa consciência e o dia das lágrimas. Eu permaneci imperturbável em todos os casos. Aguardei o próximo episódio da novela e ele logo chegou: você apelou a minha irmã. Golpe baixo. Sua argumentação foi via sofrimento dos filhos. Estela veio de Campos para conversar. Antes, ligou para dizer uma série de impropriedades. Viu que não conseguiria nada, mas resolveu investir pessoalmente no assunto. Afinal, é a irmã mais velha e "mamãe gostaria que eu te orientasse num momento difícil..." Pobre mamãe, voltou ao pó sem notar que sua filha predileta é uma infeliz. Estela, que se julga capaz de me dizer o que fazer, era a mais querida. Casou com o

Separação

melhor partido e está sem amor há mais tempo do que eu. Sublima sua falta de prazer com orações e visitas diárias à igreja. Ela se ofendeu quando perguntei se o padre não poderia "quebrar o galho". Antigamente não era incomum o fato de os padres acalmarem furores de beatas. Esta criatura sofredora e oprimida, embora viva num palácio da era de ouro da cana-de-açúcar, pretende me dar conselhos. "Você jurou que seria até que a morte os separasse", falou. "Deus está vendo tudo", complementou a cretina. Nem sequer quis me ouvir, entender o que se passava... Chegou trazendo a verdade. É triste, Humberto, mas sua emissária falhou antes de começar. "Minha querida irmã", falei, sem cinismo, "espero que seus olhos se abram para a tragédia de sua própria vida. Abandone esse patrão que a mantém como serva e vai viver com seus filhos..." Ela se benzeu numa careta sórdida, esconjurando minha objeção a seu casamento. Deve se achar abençoada portando algema em forma de aliança. Seu marido é um patriarca aborrecido, que tolhe sua vontade ao simples sinal de que ela esteja à vontade. Ao lado dele, todos devem sentir o peso de sua presença. Como você deve lembrar, por ocasião de nossa única visita a Campos, Pérsio sente prazer em se mostrar poderoso. Lembra como nos fez andar em diferentes automóveis para mostrar a variedade de opções em sua garagem? Foi à esposa deste homem, por coincidência minha irmã, que você solicitou intervenção junto a mim. Sua incapacidade em perceber o real à nossa volta me deixa triste, Humberto. Quantas vezes condenamos, em conversas íntimas, as atitudes de minha irmã... E você foi pedir ajuda a ela... Achei que seu desespero chegava a níveis nunca antes alcançados, e reforcei, intimamente, a certeza de que não me deixaria dobrar por conta dessa miséria moral. Ceder agora seria mais do que um desrespeito para comigo; seria uma crueldade em relação a você. Fui trabalhar no dia seguinte acabrunhada com o absurdo que nossa situação alcançara. Renato (nome fictício) chegara de São Paulo e insistia em um fim de semana em Angra, via aérea, no helicóptero de sua empresa. Não aceitei, mas cedi minha companhia para um vôo sobre o Rio. Cinqüenta minutos contornando os morros e ouvindo a preleção absurda do executivo apaixonado, que prega a retirada das favelas da Zona Sul para incentivar o turismo. Mamãe o julgaria um partido insuperável, outro Pérsio na família, outro DONO do mundo. Enquanto olhava a bela cidade lá do alto, pensava em nós, querido... "Por que deu errado? Por que você não quer me dar mais carinho e atenção?" Não quero ser um hábito em sua vida infeliz, Humberto... Voltando ao memorando: passadas três semanas, achei que você não conseguiria se superar em mau jeito. Impossível ir além do episódio com minha irmã. Mas você se superou. Ao voltar para casa e encontrar a sala com a faixa "Mamãe não vá embora", cuja produção você coordenou para as crianças, não acreditei. Até porque parte da premissa, errada, de que você ficará com as crianças. Eu estaria saindo para deixar os três no abandono. Meu primeiro impulso foi condenar sua ação como chantagem monstruosa, imperdoável sob qualquer ponto de vista. Depois tive pena de você, e é conhecida minha aversão a esse sentimento, que implica superioridade de quem o ostenta. Finalmente, concluí que você, simplesmente, não reconhece a natureza de nosso problema. Este memorando é para ajudá-lo nessa tarefa. A vida contemporânea é feita de pressões constantes, de todos os lados, mas, principalmente, de fatores econômicos. A luta para se manter incluído na sociedade é constante, ainda mais para uma mulher independente. Meu caso. Voltar para casa precisa ser uma coisa muito boa. Fazer do casamento outro sacrifício trabalhoso não é a melhor coisa. O nosso se tornou uma imensa tarefa. Administrar a vida a seu lado é um "porre", querido. Ou, melhor, é uma ressaca sem a anterior euforia que a provoca. Estou cansada. Foi golpe baixo usar as crianças para me convencer a continuar sofrendo. E foi um erro estratégico, porque Rafael e Liane não são tolos e perceberam que eu não estava contra a família, mas buscando uma acomodação melhor na existência. Eu perguntei a eles com quem gostariam de morar. É claro que disseram que preferi-

Separação

riam estar com pai e mãe, mas, na impossibilidade, preferem a mim. Não acho ruim que cada um fique com um de nós. Rafael é mais apegado à mãe; Liane é mais independente. Mas, se preferir, posso ficar com ambos. Acho que você precisa de liberdade para encontrar alguém, Humberto. Há mulheres que gostam do tipo de relacionamento que você aprecia: sem envolvimento e sem sexo. Não estou propondo que você freqüente um asilo em busca de sua nova companhia. Na internet é possível descrever o perfil da pessoa que nos interessa. Sem ironia. Você não é pessoa que possa viver só. Se vivêssemos numa civilização mais avançada, talvez pudéssemos conviver, na pressuposição de uma liberdade absoluta para ambos. Mas ainda não chegamos lá. Bem, estamos chegando ao fim do memorando. Após o lance da faixa "Mamãe não vá embora", aparentemente você desistiu de me demover da idéia da separação. Jogou a toalha, diríamos em linguagem de boxeadores. Calou-se, desde então. Sua aposta passou a ser no remorso, acredito. Vê-lo triste, todo dia em casa, poderia ser uma forma de me sensibilizar, imagino que pensou. Por outro lado, seu advogado o proibiu de me dar fiança, ou você o usou para tal fim. Não importa. Renato (nome fictício), quando soube de meu pequeno drama (para seus milhões), ofereceu um apartamento que recebeu em contrapartida num negócio. O problema é ele ter guardado a cópia da chave do imóvel para uma visita de surpresa em qualquer madrugada. O prédio possui heliporto. Melhor excesso de assédio que nenhum. Estudo a aceitação de sua oferta, mas resolverei o assunto de algum modo. Até o início do mês estou fora. Escrevo este longo lembrete para que você avalie o que se passou no período e certifique-se de que tenho carinho por você, só não posso jogar minha vida no lixo apenas para agradar a você. Quero ficar com meus filhos, resistir a eventuais propostas de um novo enlace, encontrar novos amigos e conviver mais com os antigos, além de experimentar alguns casos amorosos inconseqüentes. Espero que você faça o mesmo. Será o melhor para nós dois, tenho certeza. As principais

Amores Comparados

funções do casamento, já cumprimos: filhos e certo nojo da instituição. As famílias ficaram felizes e alguns morreram avós e avôs, como desejavam. O comércio também lucrou com nossa união: montamos casa, apetrechos e gastamos um dinheirão com diversão e ensino dos pimpolhos. Manteremos a comunicação necessária para que você veja regularmente as crianças. Não me incomodo que me ligue se quiser conversar sobre outros assuntos. Pode usar o e-mail. Espero, sinceramente, que você seja feliz.

Juliana
Em 22 de maio de 2004

• • •

Muito querida Juliana,

Meu amor por você permanece. Desde a carona que dei para duas jovens da PUC, interessado na sua amiga, lembra? Você, muito assanhada, dominou a conversa durante o trajeto; ao deixá-la, trocamos telefones. Na semana seguinte, fomos a uma palestra obscura sobre paixão, depois um cinema e um encontro atrás do outro, até o primeiro beijo; dois meses após, chegamos à cama de meu pequeno apartamento, no Flamengo. Sua desinibição me assustou um pouco, mas fingi tranquilidade, respirei fundo e tentei fazer o possível. Acho que agradei, porque você continuou ligando. Passamos a sair todo fim de semana, depois dia sim, dia não, e por fim, você ficava de sexta a domingo lá em casa. Conheci seus pais e começamos a fazer planos. Casamos menos de dois anos após nos conhecermos. Essas informações você já possui na memória, mas, como a forma de comunicação escolhida foi o memorando, nunca é demais avivar a lembrança de como fomos felizes e tínhamos um relacionamento gostoso. Confesso que nunca me considerei nenhum superamante, mas sempre dei para o gasto. Impossível negar que estamos atravessando uma fase de pouco interesse erótico. Mas isso não é razoavelmente comum nos

Separação

casamentos longos? Fui surpreendido por sua decisão de ir embora. Você não emitiu sinais de que as coisas iam mal. Está certo, aceito que o simples fato de estarmos num período de sexo morno é um sinal, mas a vida não é só troca de fluidos corpóreos. Nosso lar é maravilhoso; nossos filhos, sãos e agradáveis. Logo, eles é que estarão pensando em sexo e nós deveríamos sossegar e preparar a entrada na meia-idade. Ok, eu sei que você tem apenas 34 anos e quer viver muito ainda. Eu também. Mas repito: a vida não é só sexo. Você toca muito na questão de minha dependência. Concordo. Sou, assumidamente, dependente de seu amor. Pensei que a vida seria assim: eu trazendo dinheiro para casa e você me dando tranqüilidade emocional e cuidando de nossos filhos. Todavia reconheço que você sempre deixou claro que seguiria seu rumo. Fui contra desde o início, mas mantive o respeito por seu desejo. O tempo provou que eu tinha razão. Se você não estivesse na rua o dia todo, talvez avaliasse melhor nossa felicidade conjugal. Há coisas que não têm preço na vida. O desejo se satisfaz com a luxúria, mas uma vida em comum satisfatória é permanente. Você está jogando fora um bem precioso, Juliana. Em troca de quê? De algumas noites de fervor carnal? Homens passageiros que mal lembrarão seu nome no dia seguinte? Minha mãe, que você classifica como vítima de meu pai, pouco antes de morrer me confessou que faria tudo novamente. Apesar de todas as dificuldades que o gênio difícil do marido lhe impôs. Há sofrimentos que fazem parte da existência, querida, e você briga muito contra eles. Não se iluda. A vida que você está escolhendo também terá dificuldades. Não estou desejando que seja assim, mas uma mulher sozinha paga um preço alto. Será que vale a pena? Tudo isso sem falar no ônus de nossos filhos. Nós tivemos pais que, bem ou mal, permaneceram juntos para prestar apoio a qualquer necessidade espiritual ou material. E nossos filhos? Não usufruirão do mesmo privilégio? Pais separados pesam. É claro que tudo que eu diga aqui pode parecer apenas argumento para fazê-la desistir da separação. Eu chorei, como você apontou; mudei de idéia sobre apoiá-la na fiança, também é verdade, embora o advogado realmente tenha sido contra; convoquei as crianças a ajudar, é fato; tudo por amor. Sabe quando a gente se pergunta o que fez de errado? Minha vida se esvai pelo ralo, porque não sou sexualmente excepcional. Isso é possível? Parece que sim, Juliana. Minha formação é cristã. Fui batizado e fiz primeira comunhão. Creio que a boa vontade é a chave da existência. Mas descobri que é pouco. Devo ser um tanto lúbrico, também. Fico pensando se tudo se resolveria ao lhe dar total liberdade amorosa. Deixá-la experimentar o amor com quantos lhe despertassem interesse. Será? Mas o que diríamos a nossos filhos sobre seu comportamento? Depois de um tempo, todos ficariam sabendo que você é dissoluta. Todos pagaríamos um alto preço por essa liberalidade. Não podemos abrir mão da monogamia, Juliana. É uma tradição cristã. Um homem para uma mulher; uma mulher para um homem. Atribuo um tanto de suas idéias libertinas às companhias. À Luísa, que você mesmo revelou dividir-se entre dois namorados. Ela não tem duas criaturinhas para criar, meu amor... Precisamos cultivar um pouco de desapego. Doar-nos a nossos filhos. Não pense você que já não fui tentado por mulheres que vêem em mim um bom partido para um segundo casamento. Facilmente conseguiria alguém para colocar em casa. Mas não quero, Juliana. Você é a minha querida esposa. Os apelos que faço, embora possam soar antiquados à luz dos novos tempos, são provas de muito amor. Ao procurar sua irmã, pensei em apelar para a família. Você desmonta o casamento dela em função de aspectos da personalidade do marido, mas ela o acha ótimo. Segurança é muito importante nos dias que correm. Uma casa para voltar, dinheiro no banco para necessidades e lazer. Sua irmã é privilegiada. Pouquíssimas mulheres no mundo podem dispor da tranqüilidade que ela ostenta. Problemas todos têm. Mas ela ama o marido e ele, a ela. Se não fosse assim, estariam separados. Ele pode ter a mulher que quiser com seu patrimônio. Repito: os dias que correm são difíceis. Vou fazer uma oferta a você que vai contra meus princípios administrativos. Venha trabalhar comigo, se você não abre mão de ter seu dinheiro. Lutaremos juntos para deixar uma empresa sólida para nossos filhos. Entrego a comercialização a você. Não posso pagar inicialmente o que te pagam, mas, aos poucos, com os novos lucros advindos de suas iniciativas, chegaremos lá. Vamos constituir novos parâmetros na relação. Vou ignorar a agressividade gratuita de seu memorando. O tesão, o lado animal, prevalece para você. Seremos sempre escravos do prazer, como insaciáveis lobos buscando a presa? Será que o castigo de Deus por havermos comido do fruto proibido é a volúpia dos sentidos nos amargurando? Você guardou o dia e a hora de nossa última relação, como se ali residisse nossa felicidade, Juliana. Eu não consigo ver assim. Engraçado. Quem de nós estará errado? Eu, que preservo o lar, a integridade psicológica dos filhos e o puro amor entre almas? Ou você, que mede nossa felicidade pelas horas de entrega física que um proporciona ao outro? Permita-me contestar um tanto suas afirmações, sem intuito destrutivo. Suas palavras dão a entender que sou destituído de interesse pelo sexo, apenas porque a procuro pouco. Tenho minhas tentações avulsas, que combato firmemente. Desejei mulheres que vi seminuas na praia e mesmo jovens trabalhadoras do escritório. Mas não cederei ao prazer fácil, que pode custar caro. Você ironizou quando falei de Buenos Aires e de uma segunda lua-de-mel. Você se lembra de nossa viagem após a noite de núpcias? Percorremos abraçados *calles* coloridas e fomos sumamente felizes. Quem sabe um *recuerdo* não nos pusesse em forma novamente? Os poucos anos que nos separam são motivo para que eu tenha menos energia? Sua fúria erótica às vezes me assusta. Parece que estou aquém de seus desejos antes de chegarmos a termo. Estou acima do peso e tenho estado muito estagnado. Você vai à academia quase todo dia, faz dieta, está em forma. Sua passagem atrai homens e eu me sinto enciumado. Você é minha. Eu a vi primeiro. Eu apostei em você. Estou cobrando minha participação. Me dê uma chance. Não sou descartável, Juliana. Sou um homem cansado de lutar por nós. Nunca faltou nada, mesmo quando seu salário era uma mixaria. Essa dedicação não vale nada? Estou atropelado pelos novos tempos? Se você sair com as crianças, isso representará para mim uma condenação à morte rápida. Somos um complexo sistema físico e psíquico no qual a influência de um sobre o outro é total. Não puxe meu tapete, amor. Não quero piedade, mas compreensão. Suas referências ao tal Renato soam como ameaça. Um urubu agourento sobrevoa meu lar querendo levar nossa rainha. Sei que parece dramático, mas realmente é. A lenta construção de uma relação estável acaba porque um poderoso da hora arranca nossa amada e a leva para seu prazer. Não contente, ainda a explora como profissional competente que é. Nossa crise se reflete em minhas atividades. A Dalva notou meu desalento na condução do novo projeto de incorporação. As secretárias percebem. Bastou que ela perguntasse se alguma coisa não ia bem para os olhos úmidos me denunciarem. Uma fraqueza que um patrão não deve ter nunca. Estou perdendo uma luta dentro de minha casa. Por isso peço a você que passe para o meu lado e já a teremos vencido. Erga o espírito acima do corpo, que é apenas veículo de nossa passagem por esse vale de lágrimas. Você diz que não temos nada em comum, que não gostamos das mesmas diversões e que só o que nos une são os filhos. Só, Juliana? Só os filhos? Você acha pouco? Vamos fazer um sacrifício por eles. Vou tentar assistir às séries que você adora, ou então, na hora do futebol, ligo a TV do quarto. Não aceito que você divida as crianças como se fossem objetos de uso pessoal: "Liane fica com você, Rafael comigo." Vamos conversar juntos, os quatro. Vamos evitar a tragédia da separação, meu amor. Estou disposto a qualquer sacrifício. Ofereço-te a última palavra. Quero que você diga: vai ser assim ou de outro jeito. Mas não nos trate como objetos, a mim e as crianças. Vamos tentar o sexo, meu amor, mas no estado de tensão em que me encontro acho difícil conseguir uma ereção. A propósito, não me masturbo há muitos anos. Em uma oportunidade ou outra, ao acordar, notei que ejaculara. O Humberto que você busca talvez viva no mundo dos sonhos, Juliana. Mas acho que vale a

Separação

tentativa de um reencontro. Estou disposto até a procurar ajuda. Quando a encontrei, naquela carona da PUC para Ipanema, uma nova perspectiva se abriu para mim. Você foi minha alvorada amorosa; não se transforme em meu algoz, por misericórdia. Não desfaça nosso abraço.

Humberto
Em 10 de junho de 2004

• • •

Querido Humberto,

Ao encontrar sua resposta, hoje de manhã, senti um alento. Ele está respondendo a meu apelo, pensei. Mergulhei na leitura, grata por você estar disposto a pensar sobre nós. Achei que era impossível escrever sem pensar. Estava enganada. Seu texto é uma enxurrada de frases prontas. Meu pai poderia assinar embaixo do que você escreveu. Nada mudou, Humberto? O mundo não se alterou para você, querido? Essencialmente somos os mesmos, você vai retrucar. Os pecados capitais ainda valem, por isso você se permite usar a palavra luxúria. Você desconhece a história recente do mundo, meu bem? Os valores são outros. O prazer, descobriu-se, faz bem para a psique, evita o estresse, melhora o equilíbrio, ajuda a evitar o câncer de próstata, entre outros benefícios certos. As palestras, que você chama de obscuras, vimos no Museu de Arte Moderna, e lembro que você torceu o nariz. Mas, na época, eu queria me apaixonar e ignorei os sinais que você enviou, avisando que era quem é. Bem feito, Juliana!! Seu texto ignora meu desespero e me responsabiliza por ele, como se eu fosse uma depravada e você, um exemplo de equilíbrio. Igualar prazer e vício é a sua técnica. São coisas diversas, Humberto. A arte da vida reside em comer sem se lambuzar. Os sacrifícios devem se manter no limite da necessidade absoluta. Jamais sacrificar-se à toa é a lei maior. Os precários argumentos para que eu não saia de casa fazem com que você ouse me convidar para trabalhar na sua empresa, ganhando menos e sob seu tacão. É risível, querido. Tanto quanto a imagem de insaciável à espera de uma fila de homens, que me possuirão sem sequer perguntar meu nome. Aahh, Humberto, que paraíso!! Homens que se contentem em dar prazer, sem escravizar suas parceiras nem lhes exigir descendências custosas e sacrifícios. Não desejo ser uma mãe idosa reclamando da ingratidão dos filhos, por quem se sacrificou. É muito peso, Humberto. O que devo dizer a meus queridos rebentos? Que, infelizmente, escolhi mal seu pai biológico? Eles são partes de você, também, Humberto, mas serão criados num mundo mais livre de dogmas religiosos estúpidos. Dirão: "Meus pais se separaram quando seus objetivos se distanciaram." Há de convir que é melhor do que: "Mamãe era uma jovem inexperiente que casou por engano com um deficiente sexual." Se sua mãe faria tudo outra vez, era masoquista, Humberto. Ela se queixou de seu pai para mim. Um déspota. Você é parte dele, não se esqueça. Um de nossos deveres reais, ao contrário de reprimir nossos desejos, é lutar contra as tendências biológicas e culturais nocivas que trazemos conosco. Seu pai foi arriado por um AVC causado pela combinação de cigarro, gordura e falta de movimento. Você parou de fumar, mas ainda é sedentário e ingere gordura. Sua limpeza precisa continuar, passando pela mente, expulsando conceitos ultrapassados, lutando contra intolerâncias ridículas. É triste. Quanto a Renato (nome fictício), esqueça. Ele é pouco melhor que você. Uma ereçãozinha melhor, para falar a verdade. Você diz que a tradição cristã é monogâmica: um homem para uma mulher e uma mulher para um homem. Cadê meu homem, Humberto? Você me torna agressiva. Talvez porque eu tenha comprado outro pacote. Em seu memorando há uma citação de nossa passagem por Buenos Aires, pelas *calles* coloridas, comprando *recuerdos*. Depois de ler isso, fiquei tentando recordar nossa lua-de-mel. Você nunca gos-

Separação

tou muito da coisa, Humberto. Em quatro dias na Argentina, transamos uma vez. Na noite de núpcias, você dormiu, vítima de champanhe, ingerido no banquete. Em dois anos de convivência antes de casar, nossos contatos eram mínimos. Você temia que eu engravidasse, e não conseguia colocar o preservativo e manter a ereção, simultaneamente. Eu deveria desconfiar. O que importa é a boa pessoa que ele é, desconversou minha mãe quando contei a ela sobre a falta de entusiasmo erótico. Sórdido conselho. Mães são ótimas transmissoras do vírus da complacência para com a infelicidade. Não se trata de pênis na vagina, Humberto. O prazer é constituído de carinhos longos e lentos envolvendo todas as partes do corpo, língua e olho, saliva e esperma. Nossas relações foram sempre localizadas, pontuais, estratégicas, como o jargão militar define bem, em função do alvo específico: geração de filhos e construção da família. Após o objetivo alcançado, a máquina que atende pelo nome de Juliana foi desmobilizada para fins sexuais. Suas outras funções persistem: organização do lar, pagamentos dos boletos, colégio das crianças etc. É assim, Humberto. Ou, melhor, era. Já era! Conhece essa gíria? A mulher-objeto a que se referiam as feministas é objeto sem prazer. Finalmente, você me acusa de atuar contra seu empenho profissional. Sua secretária o viu verter lágrimas que indicam um tratamento de má qualidade em casa. Será que Dalva é uma das candidatas que, como você disse, estão à sua volta sonhando com seu segundo casamento? Não me parece, embora a combinação possa ser perfeita. Ela tem cara de quem não fez sexo nesta encarnação. Pobre Humberto! Se eu não tivesse um dos papéis centrais nesta farsa, riria. Nosso relacionamento é um quebra-cabeça sem solução. O melhor é desconstruir. Chega de ardis, chega de desculpas. Você diz que não aceita a distribuição de nossos filhos como se fossem objetos pessoais. Este é um dos poucos pontos em que concordo, parcialmente, com você. Precisamos pesar bem, consultar um e outro. Não imponho que Rafael fique comigo nem que Liane more com você. Proponho uma consulta às partes interessadas. A única certeza que tenho é que estou fora. Você me pediu para não desfazer nosso abraço, mas infelizmente, Humberto, ele é mortal como o dos afogados.

Juliana
Em 13 de junho de 2004

• • •

Juliana,

Escrevo para agradecer o envio de Olga. Ela alegra nosso lar. Liane gosta muito dela, mas quem a leva para passear sou eu, ou a Zenaide, nos dias que vem fazer faxina. A propósito, a raça é boxer? Ontem fez um ano que você saiu de casa, querida. Deve ter passado rápido para você. Eu senti profundamente nos primeiros meses. Se Liane não morasse comigo, teria enlouquecido. Admito, sem nenhuma vergonha, minha dependência de você. A cadela é só desculpa, Juliana, para convidá-la a fazer uma reavaliação de nosso casamento. O Rafael me conta que você não tem ninguém. Fixo, quero dizer. Isso me leva a concluir que você só foi embora por minha causa, por minhas fraquezas estruturais. Está provado que a razão é sua; eu é que não soube me conduzir. Falo das exigências. Estou disposto a um novo pacto. Você será livre como uma solteira, embora viva como casada, junto a seu marido e seus filhos. Você não acha que pode dar certo? Espiono sua vida por intermédio do Rafael, confesso! Sei que você continua sendo uma mãe cuidadosa e que nunca botou um homem para dormir em sua cama. Isto para mim tem um valor imenso. Eu chegava a sonhar que você encheria a casa de namorados. Veja como sou tolo, querida! Nem unzinho... Ele me falou que nem unzinho... Você ganhou pontos junto a mim. Para dormir fora, você usa a desculpa de ficar na casa de uma amiga. Toma todo o cuidado para que seu filho não a julgue uma mulher vulgar. Isso tem va-

Separação

lor, Juliana! Permita-me cumprimentá-la! Depois dessas auspiciosas notícias é que me animei a convidá-la a voltar. Seríamos um exemplo para todos. O casal que se separou e retornou após uma avaliação cuidadosa um ano depois. É caso para o *Fantástico*, você não acha? Os negócios vão bem. Poderíamos até procurar um apartamento de frente para o mar. Que tal? Ah, você vai querer saber o que, de fato, mudou. Explico: pelo novo acordo, você pode ir dormir na casa de uma amiga... de vez em quando. Vamos todos fingir que é isso mesmo que você vai fazer. Sua liberdade estará garantida, de forma moderada, mas real. Não me incomodo, Juliana. Os tempos mudaram, como você disse, mas eu não mudei. Torço pelo Vasco e como feijoada no sábado. O médico me assustou outro dia. "Ou faz exercícios ou morre", ele disse. Estou caminhando no calçadão. Como afirmei acima: não mudei, mas, para tê-la de volta, aceito que você durma em casa de amiga uma vez ao mês. É pouco? Bem, você estabelece um número razoável de saídas. Eu sei que você acha que eu deveria aproveitar a separação para encontrar alguém. Mas é difícil, querida. Meus hábitos são, cada dia mais, de sedentário, e uma mulher mais jovem vai querer aquilo que me faltou dar a você. As mais velhas trazem manias insuportáveis que, aliadas às minhas, fariam da vida uma chatice. Aquela senhora do 701 tentou uma aproximação, quando soube que você se fora. Abordou-me no elevador. Ela é apenas um ano mais velha do que eu, está com 49. Sutilmente, entranhou-se aqui em casa trazendo uns doces lá de Minas. Liane nunca foi muito de doce, mas Gilda (lembra dela?) continua um cerco para conquistar o apoio de nossa filha para a sua causa: casar comigo. Mas não quero, Juliana. Mulher aqui em casa, só você. Outro dia fui à casa dela, por insistência, tomar um café e assistir a um show do Chico em DVD. Ela sentou na frente, de forma que, ao cruzar e descruzar as pernas, suas partes íntimas se apresentavam. Agüentei tudo aquilo calado, para não ser grosseiro, mas é o fim, Juliana. O que as mulheres estão fazendo por um homem é o fim! Deve pensar que sou um frouxo ou até gay, porque não reagi a suas insinuações visuais e suas conversas sobre temas picantes. Quis saber por que nosso casamento acabou. Aleguei incompatibilidade. Devia ter sugerido que batia em você – isso a afastaria, de vez. Por outras vias também fui testado. Mário, que também está separado, quis me levar para a "balada". As mulheres estão disponíveis em grandes grupos nos bares de toda a cidade. Segundo Mário, é possível casar com uma diferente todos os dias. Ao me apresentar como empresário bem-sucedido (meia-verdade), suas amigas me elegeram alvo preferencial. Havia até uma bem novinha que achei bonitinha. Resolvi sair com ela. Tudo durou menos de dez minutos, mas pelo menos me recuperei do atraso de anos. Ela pediu uma força para ajudar a pagar a faculdade naquele mês. É de Recife e está no Rio para estudar. Fiz um cheque de quinhentos reais. Não atendi mais às suas ligações. Por que estou contando isso a você? Para dizer que você é minha única esperança, Juliana. Estou absorvido em minhas atividades profissionais e não quero correr atrás de mulher. Não sou ingênuo a ponto de achar que você vá se dar ao trabalho de arriscar um retorno sem nenhuma vantagem. Ofereço uma nova casa, como já falei, e outras comodidades que você sonhe em possuir. Um carro novo, sei lá, pense aí. Mulheres são mais consumistas que homens. Bem, a mea-culpa está feita e a oferta também. Não vou nem acenar com as vantagens que as crianças vão usufruir, de voltarem a morar num lar completo, porque você não dá muito valor a isso. Mas pergunte a opinião deles. Falando nisso, que tal uma viagem até o norte da Europa. Toda a família... Finlândia, Noruega, Dinamarca... Os quatro encasacados... Vinho diante da lareira... Não é uma boa idéia? Pense nisso com carinho, Juliana.

Beijos, daquele que muito te quer,
Humberto
Em 15 de junho de 2005

• • •

Separação

Querido Humberto,

Um ano é pouco para esquecer tanto sofrimento, por mais que sejamos desmemoriados. Ainda sinto enorme carinho por você e seu e-mail me entristeceu. Só pode ser por comodismo que você não encontrou ninguém. Alguma fantasia o fez imaginar que não encontrei ninguém à altura de nosso casamento. A verdade está um pouquinho além. Nosso casamento me vacinou, definitivamente, contra relações estáveis. Estou felicíssima, sinto informar a você. Participo de um grupo de amigos que se vê regularmente e entre nós há certo fluir amoroso, que encoraja múltiplos relacionamentos. Tive três namorados nos últimos 12 meses. Estamos todos entre os 30 e os 50, mas ninguém liga para isso. O que vale é a energia e o desejo, a amizade e a parceria. O resto é prazer. Se quiser parar a leitura, agora, fique à vontade. Não volto sob condição alguma. Mas, se quiser prosseguir, vou enumerar as razões que me fazem ter a certeza de que não devo voltar. A primeira, Humberto, é que você continua o mesmo. Sua concessão para que eu possa fornicar uma ou duas vezes por mês é uma armadilha. Tenho certeza. Você sabe disso. Segunda: seu argumento mais forte ficou por conta de aliviar a busca insaciável de consumo que qualquer mulher alimenta, segundo sua ótica. Um carro ou um apartamento de frente para o mar bastariam para me dobrar. Engano. Compro o carro que quiser e o que eu poderia querer seu dinheiro não alcança. Aliás, o mesmo erro cometido por Renato (nome fictício). Terceira: você não percebeu, ainda, e tenho dúvidas de que um dia vá conseguir, que sexo não é uma coisa suja. Prazer não é um vício. Relacionamento com mais de uma pessoa não é dissolução. Você continua um católico, no pior sentido da palavra, no que há de moralista e retrógrado. Essa menina que tomou quinhentos reais de você deve ter considerado um preço justo para agüentar você por poucas horas. Sinto, profundamente, que continue batendo nas mesmas teclas de sempre. Sinto que não encontre alguém parecido com você. Embora tal dobradinha me faça temer por minha filha. Assim como você conversa com Rafael, eu converso com Liane. Ela está entrando na adolescência. Logo vai ter um namoradinho e descobrir o amor. Você está proibido de reprimi-la. Respeite sua filha para compensar o respeito que não teve por mim. O abraço realmente está desfeito, Humberto. A vida é curta, mas os dias são longos, como dizia o poeta. Boa sorte.

Juliana
Em 17 de junho de 2005

sobre
Abraço desfeito

Há meses Juliana tentava conversar com Humberto sobre o desejo de se separar. Tarefa difícil, na medida em que ele tentava sempre escapulir do assunto. Colocar um ponto final num relacionamento é tão doloroso que muitos consideram o sofrimento comparável em intensidade à dor provocada pela morte de uma pessoa querida.

Contudo, de um jeito simples ou complicado, com raiva ou tranqüilidade, o fato é que, em todas as partes do mundo, as pessoas se divorciam. E, ao contrário de nossa cultura, que, em muitos casos, faz do divórcio um drama, alguns povos encaram com naturalidade a dissolução do casamento. Um bom exemplo são os mongóis da Sibéria, que simplesmente adotam o óbvio ao estabelecer que, "se duas pessoas não conseguem viver juntas, é melhor que vivam separadas". E chegamos ao extremo, na velha China, onde uma lei permitia ao homem se divorciar da esposa tagarela.

Entre os apaches, o divórcio ocorria quando a esposa punha as roupas do marido fora de casa, sinal para ele retornar à casa da mãe; ou então ele dizia que ia caçar e não voltava. Em março de 2006, uma egípcia pediu e obteve o divórcio em um tribunal do Cairo, alegando não suportar a falta de higiene e o mau cheiro do marido. O casal vivia junto há oito anos e morava com seus três filhos. Os juízes convocaram o marido para dar explicações e, como ele não compareceu ao tribunal, decidiram conceder o divórcio por "incompatibilidade de odores".

A separação inicia seu processo lentamente, na maior parte das vezes de forma inconsciente. A relação vai se desgastando e a vida cotidiana do casal deixa de proporcionar prazer. Aos poucos, o desencanto se instala. O psicoterapeuta José Ângelo Gaiarsa, após 50 anos de experiência em consultório, arrisca algumas estatísticas sobre casamento: "Dois por cento de bons casamentos, acho que existem. Uns 15 ou 20% dos casamentos, diria que são aceitáveis, dá para ir levando, têm suas brigas, seus atritos, têm seus acertos, suas compensações. Na minha estimativa, 80% são de sofríveis para precários e péssimos. A vida em comum é muito ruim para a maioria das pessoas."[1]

Assim como Sílvia Maria e Juliana, são as mulheres, em sua maioria, as responsáveis pela decisão de pôr fim ao casamento. Atualmente, a duração média das uniões é de dez anos e meio. Segundo o IBGE (Instituto Brasileiro de Geografia e Estatística), 72% dos pedidos de separação litigiosa são feitos por mulheres.

Para a pesquisadora americana Shere Hite, 99% de suas entrevistadas divorciadas afirmaram, em seu estudo de 1987, que a decisão partiu delas, não dos maridos. Para Hite, isso é bastante surpreendente, já que contradiz completamente a opinião popular de que geralmente é a mulher que é "abandonada", que as mulheres "buscam mais segurança" que os homens etc. Quase todas as mulheres dizem que lutaram durante vários anos pela melhoria de seus relacionamentos antes de decidirem rompê-los. E a maioria, ao contrário das expectativas, pede e obtém divórcios, não porque o homem está sendo "infiel" (apesar de ele poder ser – e ela também) e devido à "insatisfação sexual" (a maioria acha que isso pode ser solucionado ou contornado, arranjando-se um amante), mas por causa de sua solidão e isolamento emocional no casamento.[2]

E como é o divórcio para as mulheres? Shere Hite concluiu que as afirmações de quase todas elas são notáveis pela sensação de alívio e bem-estar experimentada logo depois de decidirem se divorciar, apesar da possibilidade eventual de perturbação e culpa antes e no momento da decisão. Quase todas dizem que acharam que – não importa o quanto elas tinham tentado fazer o casamento dar certo – seus maridos continuaram inacessíveis psicologicamente, muitas vezes assumindo ares de superioridade; a maioria das mulheres afirma que, durante o casamento, por alguma razão se sentia arrancada à vida, não mais ligada a ela; muitas mulheres temem o divórcio devido a questões econômicas, mas se divorciam assim mesmo e a grande maioria também diz que voltou rapidamente à vida depois do divórcio.[3]

Em todo o mundo, os divórcios ocorrem com mais freqüência por volta do quarto ano de casamento, seguido por um declínio gradativo nos anos seguintes, segundo dados das Nações Unidas. Os cônjuges ficariam juntos durante os primeiros anos, quando tornam-se pais. Essa época preferencial para o divórcio coincide com o período em que normalmente a paixão chega ao fim, e ambos precisam decidir se vão separar-se ou se continuarão juntos como companheiros. Certos casais permanecem unidos e têm outros filhos, mas um número ainda maior não segue esse caminho.[4] Com o tempo, observa-se certa tendência à acomodação, o que vai tornando mais difícil o rompimento. Curiosamente, Reich, na década de 1940, sem saber desses dados, concluiu que uma relação amorosa de base sexual não passa de quatro anos.

Ontem e hoje

O casamento mudou mais nos últimos 40 anos do que em todo o período de sua existência. A partir dos anos 1960, grandes transformações – ligadas principalmente ao advento da pílula anticoncepcional e ao movimento feminista, que contribuiu para o aumento do nível de instrução feminina e para o crescimento da participação das mulheres no mercado de trabalho – afetaram a situação das mulheres na sociedade e na família: sua autonomia pessoal e financeira foi consideravelmente ampliada em relação aos homens. Atualmente, muitos fatores transformaram a maneira como é vivida a sexualidade. A mulher passou a reivindicar o direito de fazer de seu corpo o que bem quiser e assim a sexualidade se dissocia pela primeira vez da procriação, ou seja, já não é mais necessário estar casada para manter relações sexuais regulares. A troca sexual tornou-se um motor da conjugalidade, e não o contrário.

Para a filósofa francesa Elisabeth Badinter, outrora o casal constituía a unidade de base da sociedade. Formado por duas metades, cada uma insistindo em tocar sua "partitura", ele representava uma unidade transcendente a cada uma das partes. Socialmente, e até mesmo psicologicamente, era óbvio que um ficava incompleto sem o outro. O solteiro, desprezado ou lastimado, era percebido como um ser inacabado. O uso de um único sobrenome para dois ainda reflete esta concepção totalizante do casal, que esconde as individualidades. Operação mental e social mais complicada de se efetuar, quando cada um conserva o próprio sobrenome e sua independência.[5]

> A tendência atual não está mais ligada à noção transcendente do casal, mas antes à união de duas pessoas que se consideram menos como as metades de uma bela unidade do que como dois conjuntos autônomos. A aliança dificilmente admite o sacrifício da menor parte de si. (...) É verdade que nossos objetivos mudaram e que não desejamos mais pagar qualquer preço apenas para que o outro esteja presente ao nosso lado. A procura da autonomia não significa necessariamente a incapacidade de estabelecer uma relação dual, mas a recusa de pagar qualquer preço por ela.[6]

O psicoterapeuta Flávio Gikovate considera que as relações afetivas estão passando por profundas transformações e revolu-

Separação

cionando o conceito de amor. O que se busca hoje é uma relação compatível com os tempos modernos, na qual existam individualidade, respeito, alegria e prazer de estar junto, e não mais uma relação de dependência, em que um responsabiliza o outro por seu bem-estar. "Estamos entrando na era da individualidade, o que não tem nada a ver com egoísmo. O egoísta não tem energia própria; ele se alimenta da energia que vem do outro, seja ela financeira ou moral."[7]

No texto *A dor da separação conjugal*, da psicóloga Ieda Porchat, são analisados, em três aspectos, as diferenças entre as formas de casamento tradicional e moderna, considerando as coabitações:[8]

1. **Expectativas quanto à duração:** o casamento tradicional é indissolúvel. A separação é considerada uma catástrofe. A interação é baseada em tentativas de ajustamento, no ato de fazer concessões. A tolerância para com a frustração é um pré-requisito indispensável nesse tipo de união. Se assim não ocorrer, o convívio desgastado por conflitos se torna neurotizante e profundamente insatisfatório. No casamento atual, a transitoriedade é uma possibilidade aceita. Casa-se, mas, se não corresponder às expectativas de uma das partes, separa-se. Em decorrência, para muitos casais, a aceitação das frustrações tem um limite razoavelmente curto. As relações são então mais frágeis. Separar-se é previsto e não parece ser algo tão catastrófico.

2. **Expectativas quanto à intimidade na relação:** no casamento tradicional, as relações estão mais vinculadas a desempenho de papéis. A intimidade emocional tende a não ser cobrada, tampouco a harmonia sexual. A mulher é mãe devotada, sacrificada e altamente respeitada; não se lhe exige ser amante eficaz. O que diz respeito ao sexo diz respeito aos homens. Essa é uma interação emocional mais protegida, visto que delimitada por papéis. Se não há satisfação, isso tende a ser pouco exibido, busca-se acomodação. Quanto ao homem, o

duplo padrão de moralidade existente permite-lhe vivenciar o prazer fora do casamento e do amor. Nesse tipo de casamento, pode-se falar então de estabilidade nas relações sem que ela esteja necessariamente ligada à harmonia emocional ou felicidade. Ela se deve à não existência do divórcio e a um modelo de família em que a estrutura de papéis é rigidamente definida, e as funções de cada membro são muito bem delimitadas.

No casamento moderno, as reações estão mais vinculadas a exigências emocionais e sexuais. Exigem-se intimidade e comunicação. Questionam-se o grau de satisfação obtido na relação e a espécie de satisfação que se quer. É, em certo sentido, uma relação mais vulnerável, visto que os novos valores possibilitam agora mais cobranças e exigências. É também vulnerável porque agora, junto à exigência de intimidade e quase que também em contraposição a ela, há a exigência de individualidade. O culto à individualidade dentro do casamento é característica do casamento moderno. Menos delimitados por uma precisa e rígida definição de papéis, os cônjuges parecem perder-se entre exigências de difícil ajustamento: por um lado, a exigência de total complementação e conhecimento um do outro e, por outro, exigências de liberdade de ser, de desenvolvimento pessoal, de individualidade.

3. **Expectativas quanto às diferenças dos papéis masculino e feminino:** no casamento tradicional, o marido é protetor e provedor. A mulher é frágil, rainha do lar, mãe de família; ser emocional, intuitivo e prático. Está definido que o homem é superior à mulher por ser mais racional, mais forte, o que sustenta a casa. É ele que deve ter o controle da família, reter a autoridade e ter o poder das decisões finais. A desigualdade oficializada é aceita pela sociedade e, sobretudo, pela mulher. O pai burguês desse período tem um reduzido desempenho na criação dos filhos: intervém em sua educação em situações

em que a autoridade suprema se faz necessária. Assim, a mulher, no lar, tem grandes responsabilidades e deveres.

No casamento moderno, os papéis não estão mais rigidamente definidos. Ambos os cônjuges podem, em tese, sustentar a casa e cuidar dos filhos. A mulher não é mais somente a rainha do lar e mãe de família. Está definida a igualdade, e a interação do casal pode ser muito competitiva, embora também possa ser de colaboração e troca. Agora temos uma mulher com muitos conflitos, angústias e culpas relativas à maternidade e ao lar, de um lado, e à realização pessoal, de outro.

Motivos para se separar

Ao contrário de Sílvia Maria, que necessita de um grave motivo para se separar de Mário, Juliana pode simplesmente dizer a Humberto: "Meu desejo de separação é uma forma de preservar esse bem-querer. É impossível estar saudavelmente afeiçoado a quem nos faz infeliz."

Até alguns anos atrás, as causas que provocavam a dissolução do casamento eram atribuídas principalmente a um dos cônjuges. Geralmente, a alternativa para a separação, considerada um remédio extremo para um mal irremediável, era a de agüentar passivamente uma situação intolerável na vida conjugal. Hoje em dia, esse fenômeno é mais aceito em todos os níveis e as separações amigáveis mais freqüentes. Ocorre, então, que o fim de um casamento é mais amplamente admitido e a separação passa a ser a solução de um problema, em vez do ato final de uma situação trágica. As razões que atualmente se alegam para obter a separação amigável – separação por culpa de ambos ou sem culpa – enquadram-se, na maioria dos casos, na categoria da incompatibilidade entre os parceiros. Podem ser considerados suficientes para justificar o rompimento do vínculo matrimonial os seguintes fatores: a perda da intensidade da emoção, a insatisfação sexual, o fim do prazer de estar juntos, a perda da capacidade de comunicação.[9]

A auto-realização das potencialidades individuais passa a ter outra importância, colocando a vida conjugal em novos termos. Acredita-se cada vez menos que a união de duas pessoas deva exigir sacrifícios. Observa-se uma tendência a não se desejar mais pagar qualquer preço apenas para ter alguém ao lado. É necessário que o outro enriqueça a relação, acrescente algo novo, possibilite o crescimento individual. "O homem atual passa por uma nova Renascença – todas as aventuras são desejáveis, continentes novos devem ser descobertos e explorados, navegações por mares estranhos são encorajados, limites devem ser transpostos... desde que para dentro de si mesmo. O novo mundo a ser descoberto é o próprio homem."[10]

O casamento torna-se, então, um pesado fardo, pois dificulta a realização do projeto existencial com suas metas individuais e independentes até das relações pessoais mais íntimas.[11] Surgem conflitos na tentativa de harmonizar a aspiração de individuação com uma vida a dois, mas homens e mulheres estão cada vez menos dispostos a sacrificar seus projetos pessoais.

Algumas pessoas tornam-se inquietas e põem-se a buscar a novidade. Não conseguem suportar o tédio da estabilidade. Consideram o casamento um obstáculo à liberdade. Apreciam a descoberta, a aventura, a falta de rotina, o convívio com pessoas diferentes e principalmente não se sentem obrigadas a fazer alguma coisa só para agradar ao outro. Badinter acredita que "o casal, longe de ser um remédio contra a solidão, freqüentemente expele seus aspectos mais detestáveis. Ele estabelece uma tela entre si e os outros, enfraquece os laços com a coletividade. Ao nos fazer abdicar de nossa liberdade e independência, torna-nos ainda mais frágeis, em caso de ruptura ou de desaparecimento do outro".[12]

Contudo a média de idade nas separações aumentou. Casais mais velhos, no Brasil e em outros países, têm dado preferência ao divórcio. O jornal *The New York Times* publicou, em 9 de agosto de 2004, matéria em que mostra que, entre os norte-americanos mais velhos – aqueles com mais de 55 anos, assim como os que já passaram dos 80 –, o divórcio é mais aceitável e comum que nunca, segundo o depoimento de advogados e terapeutas de casais. Esses profissionais, bem como as pessoas que estão passando pelo chamado "divórcio grisalho", dizem que vários fatores determinam o fenômeno, incluindo o aumento da longevidade dos norte-americanos e a crescente independência econômica das mulheres.

Robert Stephan Cohen, advogado de família de Nova York, também aponta para a melhora da saúde proporcionada pelos coquetéis farmacêuticos que reduzem o colesterol e a pressão sangüínea, erradicam a depressão e estimulam a libido. Para os homens, há o Viagra; para as mulheres, a terapia de reposição hormonal. "São pessoas que aos 65 anos decidiram que têm mais 25 anos pela frente, e resolveram que não vão se acomodar." Observa-se entre homens e mulheres a cultura de reformulação de vida, que se disseminou entre os indivíduos mais velhos. "Eles fazem aulas de cozinha escandinava", conta. "Tentam ioga. E procuram terapias para tentar se entender melhor. Além disso, começam a se divorciar por aquilo que chamo de 'motivos leves': 'Não estou feliz', 'Minhas aspirações não se realizam', 'Não nos comunicamos'."

Há algumas décadas o número de divórcios em todo o mundo ocidental não pára de crescer. Ao desaparecerem a maioria dos imperativos – sociais, econômicos e religiosos – que pesavam a favor da duração do casamento, pode ser que, dentro de algum tempo, mais pessoas optem por outros tipos de relacionamento nada convencionais.

A dor da separação

Chegar a perceber que o casamento traz mais frustrações do que alegrias é uma trajetória bastante sofrida. Não são raras as tentativas de desmentir o que se está sentindo, principalmente pelas expectativas de realização afetiva depositadas na relação. Em algum momento pode-se chegar à conclusão de que o próprio casamento não funciona porque nunca funcionou ou porque atingiu seu fim natural. Muitas vezes, apesar de se ter uma visão clara do que está ocorrendo, adia-se qualquer tipo de decisão. Diz o psicólogo italiano Edoardo Giusti:

> Antes de mais nada, o indivíduo começa a se sentir corroído pela dúvida e pela esperança de ter interpretado mal as coisas, apesar de seu mal-estar reiteradamente confirmar a exatidão das conclusões a que chegou. Todavia continua a adiar uma decisão definitiva, na esperança secreta de que um milagre o faça voltar aos felizes tempos em que eram amantes e companheiros de vida.[13]

Desde crianças, fomos condicionados à idéia de que o amor resolve tudo, portanto achamos que a vida só tem graça se encontrarmos um grande amor. Quando iniciamos um relacionamento amoroso, a expectativa é a de que vamos nos sentir completos para sempre, nada mais nos faltando. Concluímos que a pessoa a quem amamos será a única com a qual sempre iremos ao cinema, com quem jantaremos fora, com quem conversaremos tudo sobre o nosso dia-a-dia ou sobre a dor que estamos sentindo nas costas... As pessoas se esforçam para acreditar nisso e só desistem depois de fazer muitas concessões inúteis. E, quando a frustração se torna insuportável, então se separam.

Em alguns casos, o ódio surgido entre o casal resulta do sentimento de ver traída a expectativa que tanto alimentaram. Imaginavam que, por meio da relação amorosa, estariam a salvo do desamparo e que encontrariam a mesma satisfação que tinham no útero da mãe, quando os dois eram um só. Se uma das pessoas não quer mais fazer parte da relação a ponto de começar a falar em terminá-la, está claro que só há uma pessoa envolvida. Não é mais um relacionamento; é uma pessoa tendo a fantasia de que ele existe.[14] "A separação denuncia o fim do amor e o fim dessa condição especial, definindo um estado de carência, uma ameaça de extinção, pela anulação de si mesmo como 'ser amado' e como 'ser que ama'. A fantasia do 'par amoroso', até então sustentada ainda por mecanismos ilusórios, desfaz-se inevitavelmente, obrigando-nos a enfrentar a angústia do vazio e da solidão."[15]

Juliana quer se separar de Humberto, mas, nas diversas tentativas de convencê-lo de que é o melhor a fazer, dá a impressão de que está adiando o término de seu casamento. Há casos em que esse estado é vivido indefinidamente, como se não houvesse saída; realmente, de um passado cheio de equívocos, alguns sem dúvida inconscientes, e de um presente tão obscuro, o futuro só pode parecer temível e ameaçador. Retrair-se na imobilidade é às vezes uma reação instintiva. Disso resulta uma vontade de adiar qualquer decisão, uma vontade, talvez até inconsciente, de não se mover. Muitas vezes, ocorre que uma decisão definitiva de separação seja tomada depois de muitos anos de inquietude e angústia. De fato, quantos motivos se apresentam para querer a separação, tantas outras causas de resistência ao afastamento entram em funcionamento, e tantas outras interrogações, dúvidas e indecisões vêm à mente.[16]

É comum os filhos serem considerados como a primeira causa para adiar a decisão, mas existem muitas outras causas agindo com mais ou menos intensidade em todos os casais, mesmo nos que não têm filhos. Nessa fase, geralmente surgem uma profunda insegurança e o medo do desconhecido, constituindo o núcleo daquele "sentir", de onde emergem as mil e uma razões para adiar, não decidir, não querer ver. "Ambos temem que a separação seja um capricho do qual se arrependerão amargamente na solidão da vida futura. Eles têm a sensação não só de jogar fora anos de vida passados em comum, como também de destruir com um só golpe tantos projetos comuns acalentados com entusiasmo."[17]

Nem sempre o parceiro satisfaz ou preenche as necessidades afetivas e sexuais do outro, mas isso não é levado em conta. A separação é dolorosa porque impõe o rompimento com a fantasia do par amoroso idealizado, além de abalar a auto-estima e exacerbar as inseguranças pessoais. A pessoa se sente desvalorizada, duvidando de possuir qualidades. A idéia de felicidade por meio do amor no casamento influi diretamente na intensidade da dor na separação. Além da perda da pessoa amada, "na separação não é raro se perderem amigos, filhos, estilos de vida. Assim, as perdas criam um vazio difícil de suportar. Em todas as formas de separação, perda e sentimentos de vazio são fatos recorrentes, ainda que variem em qualidade e intensidade. Seja porque a pessoa foi deixada, seja porque é ela que deixa – amor, ódio, culpa, tristeza, medo, solidão, sensação de abandono, sentimento de fracasso, desorientação, quadros de estresse físico e emocional podem constituir a vida psíquica dessas pessoas por um longo tempo".[18]

A experiência de perda do outro na separação é dolorosa por sofrer influência de vivências anteriores. Perdas e situações de desamparo vividas em outra época podem ser reeditadas, repercutindo sobre a perda atual. "Choram-se na separação conjugal também as perdas do passado. Nem se pode esquecer a constituição psicológica individual, tal como a personalidade possessiva ou dependente, cujas necessidades emocionais dificultarão o desvinculamento."[19]

Embora não pareça, nem sempre a pessoa rejeitada é a única a sofrer. Mesmo quem não quer mais permanecer junto pode se sentir ressentido e magoado, responsabilizando o outro pela diminuição de seu próprio desejo sexual e por não sentir mais prazer na convivência. É tão difícil romper uma relação estável, na qual existem, além da dependência, amor e carinho entre o casal, que as pessoas depois de separadas – mesmo sabendo que não há nenhuma chance – se propõem a fazer novas tentativas de vida em comum. É claro que isso não dura muito e, quando ocorre novamente a separação, o outro volta a sofrer. O fim do casamento pode ser vivenciado como uma tragédia se as pessoas acreditarem que é uma união para a vida toda e que só é possível ser feliz formando um par amoroso.

Quando um dos parceiros comunica ao outro que quer se separar, aquele que de alguma forma não deseja isso pode sofrer num primeiro momento, mas, depois de algum tempo, concluir ter sido a melhor coisa que lhe poderia ter acontecido. Isso é freqüente. A aquisição de uma nova identidade, totalmente desvinculada da do ex-parceiro, abre possibilidades de descobertas de si próprio e do mundo. A oportunidade de crescimento e desenvolvimento pessoal gera um entusiasmo pela vida há muito tempo esquecido.

Não dá para comparar a dor que uma separação provoca hoje com a de 50 anos atrás, na época de Sílvia Maria. Agora existe uma busca generalizada de desenvolver as potencialidades pessoais. Alívio e forte sensação de renascimento pode surgir após a separação. Alguns ingredientes são importantes para que isso ocorra: atividade profissional prazerosa, vida social interessante, amigos de verdade, liberdade sexual para novas experiências e, principalmente, autonomia, ou seja, não se submeter à idéia de que estar só é sinônimo de solidão ou desamparo.

A separação no cérebro

A antropóloga americana Helen Fisher, em seu último livro, *Por que amamos*, combina pesquisa com recentes descobertas científicas. Transcrevo a seguir suas principais conclusões sobre a dor da separação.[20]

Numa pesquisa entre universitários americanos, 93% de ambos os sexos disseram ter sido rejeitados por alguém que amavam apaixonadamente; 95% também disseram que tinham rejeitado alguém que estava profundamente apaixonado por eles. A autora afirma que quase ninguém no mundo escapa das sensações de vazio, desesperança, medo e fúria que a rejeição pode criar.

Amores Comparados

Fisher diz que quase todos no mundo sentem a agonia da rejeição amorosa em algum momento da vida. Mas, por muito tempo, ela acreditou que o oposto do amor não fosse o ódio, mas a indiferença. Agora ela passou a suspeitar de que o amor e o ódio/raiva podiam estar conectados no cérebro humano de forma intrincada, e que a indiferença podia passar por um circuito inteiramente diferente. Além disso, talvez essa ligação cerebral entre o amor e o ódio/raiva pudesse ajudar a explicar por que os crimes de paixão – como o assédio, o homicídio e o suicídio – são tão comuns no mundo todo; quando uma ligação é rompida e o impulso para amar é frustrado, o cérebro pode facilmente transformar essa poderosa força em fúria.

A tentativa de recuperar o amado, um anseio por "ele" ou "ela", a ansiedade de separação e o pânico com a perda iminente: todas estas reações fazem sentido para ela. Mas o que leva as pessoas rejeitadas a ficarem com tanta raiva? Mesmo quando o amante que parte cumpre suas responsabilidades como amigo (e, com freqüência, co-genitor) e deixa o relacionamento com compaixão e honestidade, muitas pessoas rejeitadas oscilam violentamente entre sentimentos de mágoa e a completa fúria.

Isto ocorre porque o amor e o ódio estão ligados no cérebro humano. A rede básica do cérebro para a raiva está estreitamente ligada aos centros no córtex pré-frontal, que processam a avaliação e a expectativa de recompensa. E, quando as pessoas e outros animais começam a perceber que a recompensa esperada corre riscos e é até inalcançável, estes centros do córtex pré-frontal incitam a raiva. Mas a fúria não precisa estar dirigida para a recompensa perdida. Um amante rejeitado pode chutar uma cadeira, atirar um copo ou ficar com raiva de um amigo ou colega em vez de atingir uma namorada desgarrada.

Assim, o amor romântico e a raiva do abandono estão bem conectados no cérebro. E quando você pensa no assunto, vê que essas paixões têm muito em comum. As duas estão associadas com a excitação corporal e mental; as duas produzem energia excessiva. Ambas impelem a concentrar obsessivamente a atenção no amado. Ambas geram comportamentos orientados a objetivos. E as duas causam um desejo intenso, seja por união com o ex-namorado ou por vingança contra o amado que rompeu o relacionamento.

Homens e mulheres rejeitados desperdiçam tempo e energia inestimáveis em um parceiro que está indo embora. Infelizmente, esta raiva não anula necessariamente o amor, o anseio ou o desejo sexual por um parceiro que parte. Mas, no final, todos esses sentimentos empalidecem. A atenção concentrada no parceiro que abandona, o impulso para reconquistar o amado, as cartas na mesa, a ansiedade de separação, o pânico, até a raiva: tudo se dissipa com o tempo. Então o rejeitado deve lidar com novas formas de tortura: a resignação e o desespero.

O desespero do amor

Os antropólogos também recolheram evidências dessa dor. Uma chinesa abandonada confidenciou: "Não posso suportar viver. Todos os meus interesses na vida desapareceram"; "Fiquei solitária, realmente triste, e chorei. Parei de comer e não dormia bem; não conseguia me concentrar no trabalho", lamentou uma polinésia rejeitada. Perto do rio Sepik, na Nova Guiné, um homem rejeitado compôs canções trágicas de amor que eles chamam de *namai*, canções sobre casamentos que "podiam ter sido". E, na Índia, homens e mulheres magoados formaram um clube, a Sociedade para o Estudo dos Corações Partidos. A cada ano, no terceiro dia de maio, eles comemoram o Dia Nacional dos Corações Partidos, contando histórias e consolando-se mutuamente.

A rejeição por um amado afunda o amante em uma das dores emocionais mais profundas e perturbadoras que um ser humano pode suportar. Tristeza, raiva e muitos outros sentimentos podem passar pelo cérebro com tal vigor que mal se consegue comer ou dormir. Os graus e nuances dessa enfermidade poderosa devem ser tão variados quanto os seres humanos. E, no entanto, psiquiatras e neurocientistas dividem a rejeição romântica em duas fases gerais: "protesto" e "resignação/desespero".

Durante a fase de protesto, os amantes abandonados tentam obsessivamente reconquistar os amados. Quando se estabelece a resignação, eles desistem completamente e caem em desespero.

Fase I: protesto

Quando uma pessoa começa a perceber que um amado está pensando em terminar o relacionamento, geralmente fica inquieta. Dominada por anseio e nostalgia, ela dedica quase todo o tempo, energia e atenção ao parceiro que está de partida. Sua obsessão: reatar com o amado.

Muitos dos participantes da pesquisa tinham dificuldade para dormir. Vários haviam perdido peso. Alguns tremiam. Outros suspiravam sempre que falavam de seus amados durante as entrevistas pré-exame. Todos tinham reminiscências, fixavam-se nos tempos problemáticos, procurando repetidamente pistas para o que saíra errado e ponderando sobre como consertar a parceria esfacelada. E todos eles me disseram que nunca deixaram de pensar em quem os rejeitara; em cada hora de vigília eram invadidos por pensamentos "nele" ou "nela".

Os amantes rejeitados também fazem coisas extraordinárias para reatar com o ex-parceiro: revistam lugares que freqüentavam, telefonam dia e noite, escrevem cartas ou e-mails incessantemente. Eles protestam. Fazem entradas dramáticas na casa do amado ou em seu local de trabalho, depois saem intempestivamente, só para voltar e renovar seu apelo pela reconciliação. A maioria se torna tão focalizada no parceiro perdido que tudo recorda seu amado. Acima de tudo, as pessoas rejeitadas anseiam pela reunião. Assim, elas protestam, procurando incansavelmente o mais leve sinal de esperança.

Separação

Os psiquiatras Thomas Lewis, Fari Amini e Richard Mannon sustentam que essa reação de protesto é um mecanismo mamífero básico que é ativado quando *qualquer* espécie de ligação social é rompida. Eles acreditam, assim como Helen Fisher, que essa reação de protesto está associada a elevados níveis de dopamina e norepinefrina. Níveis crescentes dessas substâncias servem para aumentar o estado de alerta e estimular o indivíduo abandonado a procurar ajuda e pedir por ela.

De fato, o protesto pode ser muito eficaz nos relacionamentos amorosos. Com freqüência os que abandonam sentem-se profundamente culpados por terem causado o rompimento. Assim, quanto mais o parceiro rejeitado protesta, mais provável será que o que parte reconsidere e reate o relacionamento. Muitos o fazem, pelo menos temporariamente. Protestar funciona. Mas nem sempre. E, às vezes, o racha romântico pode levar o parceiro abandonado ao pânico.

Fase II: a resignação

Em geral, a perda de um amado incita uma tristeza e uma depressão profundas no ser humano, o que é algo conhecido pelos psicólogos como "reação de desespero". Em seu levantamento do amor, 61% dos homens e 46% das mulheres disseram que passaram por períodos de desespero ao pensarem que o amado podia não os amar. E, em um estudo de 114 homens e mulheres que foram rejeitados por um parceiro nas oito semanas anteriores, mais de 40% estavam vivendo em depressão. As pessoas também podem morrer de coração partido. Elas expiram por ataques cardíacos ou derrames causados por sua depressão.

Homens e mulheres tendem a lidar com a tristeza do amor de formas diferentes. Os homens, com freqüência, são mais dependentes de suas parceiras amorosas, provavelmente porque eles, em geral, têm menos laços com parentes e amigos. Por causa disso, os homens com mais freqüência recorrem ao álcool, às drogas e à direção imprudente do que aos seus parentes e colegas quando se desesperam por causa de uma parceira que os rejeitou. Além disso, os homens têm uma probabilidade menor de revelar sua dor, contendo a tristeza.

Os homens também demonstram seu sofrimento de forma mais dramática possível: é três ou quatro vezes mais provável, em comparação com as mulheres, que cometam suicídio com o fim de um caso de amor. As mulheres em geral sofrem de uma forma diferente. Nas culturas de todo o mundo, elas têm uma probabilidade duas vezes maior que os homens de experimentar uma depressão severa. Ficam deprimidas por muitos motivos, é claro, mas uma razão comum é o abandono do amante. E, nos estudos da rejeição romântica, as mulheres relatam mais sentimentos severos de depressão, particularmente de desesperança.

As mulheres rejeitadas choram, perdem peso, dormem muito ou nada, perdem o interesse em sexo, não conseguem se concentrar, têm problemas para se lembrar de coisas cotidianas comuns, retiram-se da vida social e pensam em se matar. Muitas mulheres falam, lamentando-se por horas ao telefone com um ouvido solidário, contando tudo.

Na segunda fase da rejeição – resignação combinada com desespero –, o sentimento de desespero tem sido associado a várias redes diferentes no cérebro. Entre elas, estão o sistema de recompensa do cérebro e seu combustível: a dopamina. À medida que o parceiro abandonado vai percebendo que a recompensa não virá, as células que produzem dopamina no meio do cérebro (que se torna tão ativo durante a fase de protesto) agora diminuem sua atividade. E os níveis decrescentes de dopamina estão associados à letargia, à desesperança e à depressão (aqui depressão se refere à dor profunda que homens e mulheres normalmente equilibrados sentem por algum tempo quando são deixados por alguém que amam).

É claro que nem todos sofrem no mesmo grau. O modo como reagimos à rejeição depende de muitas forças – inclusive de nossa criação. Algumas pessoas formam ligações seguras na infância e têm auto-estima e resistência para superar um revés amoroso com relativa rapidez. Outros crescem em lares sem amor, cheios de tensão ou rejeição – o que os deixa apegados demais, ou indefesos de outras maneiras. À medida que nos aventuramos na vida, desenvolvemos novos sentimentos de competência ou incompetência, diferentes tipos de expectativas amorosas e diferentes mecanismos de resistência que afetam como suportamos o amor perdido.

Algumas pessoas têm mais oportunidades de conseguir parceiros sexuais do que outras; elas substituem facilmente um parceiro que as rejeita por distrações amorosas que mitigam seus sentimentos de protesto e desespero. E todos temos cérebros diferentes; alguns são simplesmente menos raivosos, menos deprimidos, mais autoconfiantes e mais relaxados com os desastres da vida em geral, ou com a rejeição amorosa em particular.

Só se deseja o que se sabe ser possível

"Uma vida é uma coisa inteira, Humberto. É feita de trabalho, esperança, afeto, diversão, desejos... Qualquer desses itens faz muita falta. Por que eu deveria abrir mão?", pergunta Juliana.

A idéia de felicidade conjugal depende da expectativa que se tem do casamento. Algumas décadas atrás, de maneira geral, uma mulher se considerava feliz no casamento se seu marido fosse bom chefe de família, não deixasse faltar nada em casa e fizesse todos se sentirem protegidos. Para o homem, a boa esposa seria aquela que cuidasse bem da casa e dos filhos, não deixasse faltar a camisa bem lavada e passada e, mais que tudo, mantivesse sua sexualidade contida. Um casal perfeito: a mulher respeitável e o homem provedor. As opções de atividades fora do convívio familiar eram bastante limitadas, não só para as mulheres, como para os homens que iam direto do trabalho para o aconchego do lar. Desconhecendo outras possibilidades de vida, não almejavam nada diferente, e o grau de insatisfação era muito menor. Havia um conformismo generalizado.

No entanto, de uns tempos para cá, vem diminuindo muito a disposição das pessoas para sacrifícios. A maioria busca desenvolver ao máximo suas possibilidades e sua individualidade, evitando manter relações vacilantes. Há muito a ser vivido. Embora o grande conflito ainda se situe entre o desejo de permanecer fechado numa relação e o desejo de liberdade.

O movimento de emancipação feminina e a liberação sexual dos anos 1960 trouxeram mudanças profundas na expectativa de permanência de uma relação conjugal. Surgiram muitas opções de lazer, de desenvolver interesses vários, de conhecer outras pessoas e outros lugares. Sem falar numa maior permissividade social para novas experimentações, nunca ousadas anteriormente. Ao contrário da época em que, excetuando os casos de intenso sofrimento, ninguém se separava, hoje a duração dos casamentos é cada vez menor. Isso ocorre porque, quando uma pessoa se vê privada das perspectivas que são de alguma forma possíveis, a frustração é inegável.

O aprisionamento numa relação estática tornou-se preocupante. A sede de novas experiências, do desconhecido, do novo, é maior do que nunca. Assim, unir dois exilados para formar uma família segura e auto-suficiente deixou de ser algo satisfatório. Na mesma medida, aumenta o número dos que aceitam o risco de viver sem parceiro fixo, recusando-se a uma vida a dois.

Sem prazer sexual, não!

Juliana, alega a falta de prazer sexual como motivo para a separação. "Arrisco que para você esteja tudo bem assim, que não lhe incomode o pouco sexo que fazemos e sua qualidade." Ou: "Estou definitivamente cansada de nossa pasmaceira amorosa. Tudo durou uns dez minutos, incluindo preliminares, mas houve ereção, penetração e, de minha parte, quase um orgasmo."

Separação

Na maioria dos casamentos o sexo é morno, com pouca emoção. Estudos mostram que 75% dos homens ejaculam no fim de dois minutos de cópula. "Falta garra em nossas transas e concluí pela ausência de um dado fundamental: TESÃO. Você não tem mais tesão por mim. E tesão é fundamental, Humberto. Sem ele, é melhor separar... Fôssemos duas provectas criaturas, octogenárias, vá lá...", protesta Juliana.

"O direito de ter prazer sexual, mesmo que isso cause sofrimento a terceiros e desestruture algumas instituições sociais, passa a ser defendido. A ausência de prazer sexual numa relação não a questiona apenas quanto à sua 'saúde', mas agora a questiona também quanto à sua permanência. Não existe mais lugar para o sacrifício do prazer sexual dos cônjuges em nome do bem-estar da família e das instituições. Esse sacrifício passa a ser *doentio*, *indigno* e *neurótico*. A solução tem de ser a recuperação do contato amoroso e sexual pleno e, na impossibilidade disso, impõe-se a separação.[21]

O homem mole sucede ao homem duro

Inconformado com a separação, Humberto apela: "Estou atropelado pelos novos tempos? Se você sair com as crianças, isso representará para mim uma condenação à morte rápida. Somos um complexo sistema físico e psíquico no qual a influência de um sobre o outro é total. Não puxe meu tapete, amor. Não quero piedade, mas compreensão. (...) Você foi minha alvorada amorosa, não se transforme em meu algoz, por misericórdia. Não desfaça nosso abraço."

Se, por um lado, o indivíduo se apega a qualquer coisa para não aceitar aquilo que já entendeu e que é obrigado a sofrer, por outro lado vários fatos, de maior ou menor relevância, insinuam-se na vida cotidiana, alterando-a de modo às vezes tão sutil que ele não consegue perceber o instante exato em que a mudança começou. E esses fatos lembram-lhe insistentemente aquilo que ele quer esquecer.[22]

Humberto tenta de todas as maneiras impedir a separação. Para isso, parece aceitar qualquer coisa, dando mostras de sua fragilidade emocional. Durante muito tempo, o homem perseguiu o ideal masculino da sociedade patriarcal – força, sucesso, poder. Assim como Mário, os homens eram duros, machões, sem sensibilidade. Após os movimentos feminista e de liberação sexual, muitos romperam com o mito da masculinidade e puderam integrar os vários aspectos de sua personalidade. Afinal, homens e mulheres são ativos e passivos, fortes e fracos, corajosos e medrosos. Tudo depende do momento e das características de cada um.

Entretanto "o homem mole sucede ao homem duro como seu contrário absoluto. Para agradar às mulheres, que colocavam o macho sob acusação nos anos 1970, alguns homens imaginaram que deviam desprezar toda virilidade e adotar os valores e comportamentos femininos tradicionais. O homem duro, de feminilidade reprimida, cedeu lugar ao homem mole, de masculinidade ignorada".[23] É verdade que as mulheres há muito compartilham esses valores e contribuíram enormemente para abalar o ideal masculino. O sonho igualitário desmantelou a masculinidade tradicional e pôs fim a seu prestígio. Isto se traduziu numa recusa dos valores masculinos e na idealização dos valores femininos.[24]

Badinter observa que foi assim que os anos 1970 viram surgir o *soft male* (macho suave), ponderado, previdente, adorável, desejoso de responder ao que as mulheres esperam: sua mãe e suas companheiras. Esses "homens amorosos" revelaram-se desprovidos de vitalidade e de alegria de viver. Companheiros de mulheres sólidas que irradiavam uma energia positiva. A partir dos anos 1980, esses homens começaram a exprimir seu desconforto e angústia. Os *soft male* se sentiam como o homem mole, passivo, desestruturado. "O homem reconciliado não é uma mera síntese dos dois machos mutilados precedentes. Nem homem mole invertebrado (*soft male*), nem homem duro incapaz de experimentar sentimentos, ele é o *gentle man* (homem amável), que sabe aliar solidez e sensibilidade. O homem reconciliado não é educado no desprezo e no medo do feminino que caracterizavam a educação de seu avô. Finalmente, o homem reconciliado só pode nascer de uma grande revolução paternal. Esta, iniciada há apenas três décadas, necessitará de várias gerações para se concretizar plenamente."[25]

Juliana, como muitas outras mulheres, é quem corre atrás do sucesso, da expansão, da satisfação do ego, mesmo ao preço de grandes dificuldades e solidão. Ela não pretende mais se conformar com a feminilidade sonhada pelos homens, e sim permanecer o tempo todo à escuta do que está sentindo. A essa extrema vitalidade feminina, os homens, contestados em sua virilidade, reagiram com a fuga, o desespero ou a impassibilidade silenciosa.[26]

Violência na separação

A raiva do abandono às vezes se transforma em violência, que pode variar desde as agressões verbais até o assassinato. Na mitologia grega temos a famosa história da feiticeira Medéia, que ajudou Jasão, líder dos argonautas, a obter o velocino de ouro (lã de ouro do carneiro alado Crisómalo). Medéia era filha de Eetes, rei da Cólquida. Eetes possuía o velocino de ouro, que Jasão e os argonautas buscavam, e o mantinha guardado por um dragão. A maga Medéia apaixonou-se por Jasão e, depois de ajudá-lo a realizar sua missão, seguiu com o grupo para a pátria dele, Iolcos, na Tessália. Mais tarde, Jasão apaixonou-se pela filha do rei de Corinto e abandonou Medéia. Inconformada, ela estrangulou os filhos que tivera com Jasão e presenteou a rival com um manto mágico que se incendiou ao ser vestido, matando-a.

Em março de 2006, uma chinesa que queria vingar-se do marido, por ele ter pedido o divórcio, explodiu o edifício em que ele morava, informou a polícia de Leye (sul da China). Segundo um oficial, a mulher de 37 anos comprou o explosivo por US$ 23 e, com a ajuda de três cúmplices, detonou a carga no edifício residencial de três andares, deixando um saldo de nove mortos e quatro feridos. Contudo a procuradora de justiça de São Paulo, Luiza Nagib Eluf, autora do livro *A paixão no banco dos réus – casos passionais célebres*, afirma que as mulheres são menos afeitas à violência física. "A história da humanidade registra poucos casos de esposas ou amantes que mataram por se sentirem traídas ou desprezadas. Essa conduta é tipicamente masculina. (...) O crime passional costuma ser uma reação daquele que se sente 'possuidor' da vítima. O sentimento de posse, por sua vez, decorre não apenas do relacionamento sexual, mas também do fator econômico. O homem, em geral, sustenta a mulher, o que lhe dá a sensação de tê-la 'comprado'. Por isso, quando se vê contrariado, repelido ou traído, acha-se no direito de matar."[27] Um levantamento feito pela organização não-governamental União das Mulheres de São Paulo, em 1998, com base em dados das Delegacias de Polícia, concluiu que pelo menos 2.500 mulheres são mortas, por ano, no país, vítimas de crimes passionais.

Em 1976, em Búzios, Doca Street assassinou Ângela Diniz, com quem vivia há quatro meses. Ângela não queria mais continuar o relacionamento e o expulsou da casa de praia. Doca, num primeiro momento, resignou-se. Saiu de casa. Pouco depois, pensou melhor e resolveu voltar. "Ao entrar novamente em casa, surpreendeu Ângela, de biquíni e uma blusa por cima, descansando em um banco. Descarregou nela sua arma. Três tiros acertaram o alvo: seu belo rosto. Com a vítima caída, mais um tiro na nuca. Ângela ficou transfigurada."[28]

Um caso recente é o do jornalista Antônio Marcos Pimenta Neves, na época diretor de redação do jornal *O Estado de S. Paulo*, que assassinou a namorada Sandra Gomide, também jornalista, 32 anos, pelas costas. A moça havia rompido definitivamente a relação com Neves, e o motivo do crime foi simplesmente o fato de Neves não admitir a separação.

Separação

Filhos

A prática de se separar, quando uma relação não é mais satisfatória, se torna cada vez mais comum. Ao contrário do que muitos pensam, não acredito que a separação faça os filhos sofrerem, e sim a culpa que os pais absorvem ou a incompetência deles para lidar naturalmente com a situação. Porém, em nossa cultura centrada no sofrimento e na abnegação, sempre encontramos quem lute contra isso. Os conservadores, agarrados a valores morais ultrapassados, tentam convencer os pais do sofrimento que vão causar às crianças.

Por 19 anos a socióloga americana Judith Wallerstein, que acompanhou um grupo de famílias de classe média, concluiu que filhos de pais divorciados tinham mais problemas emocionais, menor rendimento escolar e pior auto-estima que os filhos de casais "estáveis". Portanto os casais deveriam lutar para se manter juntos, pelo bem-estar das crianças. Poucos anos depois, o estudo de Wallerstein foi criticado por outros especialistas, que apontaram uma série de falhas e trouxeram à tona trabalhos mostrando um quadro diferente.

Descobriu-se que as 131 crianças estudadas pela socióloga vinham de um único condado da Califórnia, filhos de casais problemáticos, recrutados com a promessa de terapia gratuita. Metade dos pais e mães do estudo tinha problemas psiquiátricos, dos quais 20% eram considerados "severos", que resultavam em passagens policiais e tentativas de suicídio. Um em cada quatro maridos batia na mulher diante dos filhos. Cerca de 30% dos casais haviam sido obrigados a subir ao altar por causa de uma gravidez inesperada, e metade das mães era desempregada crônica, do tipo condenado a viver de seguro-desemprego.[29]

A socióloga Constance Ahrons, de Wisconsin, acompanhou por 20 anos um grupo de 173 filhos de divorciados. Ao atingir a idade adulta, o índice de problemas emocionais entre esse grupo era equivalente ao dos filhos de pais casados. Mas Ahrons observou que eles "emergiam mais fortes e mais amadurecidos que a média, apesar ou talvez por causa dos divórcios e recasamentos de seus pais".

Muitos casais, apesar do péssimo relacionamento, não admitem a possibilidade de separação por causa dos filhos. Nesses casos, os pais recusam-se a perceber que as crianças vêem tudo, registram tudo e sofrem principalmente por aquilo que lhes é imposto sem que possam compreender. Se os pais estiverem ansiosos, inquietos e insatisfeitos, seus filhos inevitavelmente se comportarão dessa forma. Aqueles pais que brigam, que se evitam ou que encontraram um equilíbrio de vida extremamente formal e frio funcionam como exemplo negativo, fazendo de seus filhos pessoas fechadas, desconfiadas e inseguras.[30]

"Aahh, Humberto, que paraíso!! Homens que se contentem em dar prazer, sem escravizar suas parceiras nem lhes exigir descendências custosas e sacrifícios. Não desejo ser uma mãe idosa reclamando da ingratidão dos filhos, por quem se sacrificou. É muito peso", diz Juliana. Agora, devido à importância dada ao desenvolvimento pessoal e à individualidade, observa-se nas pessoas que se separam a partir da segunda metade do século XX a consciência da necessidade de reconstruir uma identidade, de restabelecer novos propósitos de vida. "Não cabe chorar tanto um casamento perdido porque ainda se tem a si mesmo como objetivo a ser realizado e vivido. E parece ser também essa mesma característica que contribui agora para a diminuição do sentimento de culpa em relação aos filhos na separação. Se antes horrorizava uma mãe, se não a ambos os pais, expor os filhos a uma separação, pode-se dizer que, no casamento moderno, a culpa, embora não eliminada, foi reduzida pelo desejo e pela obrigação dos pais de 'viverem a própria vida', não mais sacrificando sua existência por amor aos filhos."[31]

Apesar de estar aumentando o número de pais que ficam com a posse e guarda dos filhos, na maioria dos casos ela ainda é dada à mãe. Não são poucas as crianças que são usadas por uma das

Separação

partes para agredir a outra. Há pouco tempo recebi esse e-mail de um leitor:

> *Tenho pensado em minha condição de homem divorciado. Mais ainda, na condição de todos os homens divorciados. Sempre existe uma grande preocupação com a condição da mulher no momento da separação. Mas e nós? Digo nós, esses "pobres coitados", que só resolveram se divorciar por não quererem seguir em frente com uma farsa de décadas. Não foi por uma secretária ou uma amiga mais boazuda que a própria mulher. Só terminou o amor. Nada mais.*
>
> *Hoje, após cinco anos de divórcio, minha "ex" continua me odiando como no dia em que nos separamos, continua colocando todas as dificuldades para que eu veja meus filhos – claro, depois de ter falado pra eles que eu sou mau pai, que os abandonei etc. Existe no Brasil uma postura que vai contra os homens em caso de divórcio. Não esqueço da cara do juiz me olhando como se eu fosse uma mistura de Charles Manson, OJ Simpson e Doca Street.*
>
> *Muitos de nós, divorciados, optamos por essa saída justamente para poder dar uma melhor educação aos filhos, e assim criá-los em um ambiente onde não existam brigas diárias. Para que eles não sejam testemunhas involuntárias de uma relação deteriorada e que, sem dúvida, iria terminar pior. Será que, ao pedir o divórcio, não fizemos o melhor? Se for possível, aclare-me esta dúvida.*

Um aspecto, que já devia estar sendo discutido mais amplamente, é a situação do homem atual. Durante milênios, as mulheres perceberam o homem do mesmo modo como ele aprendeu a se definir: um ser privilegiado, acreditando ser mais forte, mais corajoso, mais decidido, mais responsável, mais criativo e mais racional. Claro que isso serviu bem para justificar a dominação da mulher por tanto tempo. Contudo, de 30 e poucos anos para cá, as mulheres começaram a exigir o fim da distinção dos papéis masculinos e femininos, e a certeza do homem superior à mulher foi abalada.

Diante dessa nova mulher desconhecida, muitos homens passaram a questionar a identidade masculina, desejosos de se libertarem desses papéis tradicionais a eles atribuídos. Não mais subjugados ao mito da masculinidade, acreditando na igualdade entre os sexos, buscam uma vida afetiva com suas parceiras livres de obrigações e cobranças, que só servem para impedir uma relação verdadeira com elas. Mas nem todas as mulheres se deram conta disso. Muitas continuam alimentando a mesma forma de pensar e agir de sempre: a mulher é frágil, desamparada, necessitando desesperadamente de um homem a seu lado, que lhe dê amor e proteção e, mais do que tudo, que dê um significado à sua vida. Ao mesmo tempo em que qualquer homem é visto como perigoso, sempre disposto a enganar.

Dentro dessa ótica, a separação é percebida como um ataque, merecendo, portanto, ser revidado. O simples fato de um homem não desejar mais a continuidade do casamento o transforma de imediato no déspota opressor, tão conhecido na história do patriarcado. Afinal, o que mais poderia se esperar de um homem? Com os estereótipos masculinos falando mais alto, surge o desejo de vingança. E, para que ela tenha êxito, não se pode aceitar que a meta de todos deveria ser a busca de uma vida realmente satisfatória.

É certo que a mudança das mentalidades leva algumas vezes mais de cem anos para se concretizar, mas isso não importa, desde que se abra um espaço definitivo para a autonomia de homens e mulheres. Enquanto isso, sorte de quem tem coragem para aproveitar este momento, em que, felizmente, a culpa e os sacrifícios estão sendo substituídos pela possibilidade de prazer.

Notas

1. (Vários autores). *Vida a dois*. p. 37.
2. Hite, Shere. *As mulheres e o amor*. p. 591.
3. Ibidem.
4. Ackerman, Diane. *Uma história natural do amor*.
5. Badinter, Elisabeth. *Um é o outro*.
6. Ibidem. p. 267.
7. Gikovate, Flávio. Comunicação pessoal à autora.
8. Porchat, Ieda (organizadora). *Amor, casamento, separação – a falência de um mito*. p. 112.
9. Giusti, Edoardo. *A arte de separar-se*.
10. Gomes, Purificacion, em Porchat, Ieda. Op. cit. p. 132.
11. Ibidem. p. 133.
12. Badinter, E. Op. cit. p. 278.
13. Giusti, Edoardo. Op. cit. p. 36.
14. Kingma, Daphne Rose. *Separação*.
15. Muskat, Malvina, em Porchat, Ieda. Op. cit. p. 98.
16. Giusti, Edoardo. Op. cit.
17. Ibidem. p. 40.
18. Porchat, Ieda. Op. cit. p. 104.
19. Idem.
20. Fisher, Helen. *Por que amamos*. p. 195.
21. Gomes, Purificacion, em Porchat, Ieda. Op. cit. p. 131.
22. Giusti, Edoardo. Op. cit.
23. Badinter, Elisabeth. *XY – Sobre a identidade masculina*. p. 147.
24. Ibidem.
25. Ibidem. p. 149.
26. Idem.
27. Eluf, Luiza Nagib. *A paixão no banco dos réus*. p. XI.
28. Ibidem. p. 64.
29. *Revista Época*. 24 de janeiro de 2005.
30. Giusti, Edoardo. Op. cit.
31. Gomes, Purificacion, em Porchat, Ieda. Op. cit. p. 123.

Bibliografia

ACKERMAN, Diane. *Uma história natural do amor*. Rio de Janeiro: Bertrand Brasil, 1994.
BADINTER, Elisabeth. *XY: Sobre a identidade masculina*. Rio de Janeiro: Nova Fronteira, 1992.
____. *Um é o outro*. Rio de Janeiro: Nova Fronteira, 1986.
BASSANEZI, Carla. *Virando as páginas, revendo as mulheres*. Rio de Janeiro: Civilização Brasileira, 1996.
BOZON, Michel. *Sociologia da sexualidade*. Rio de Janeiro: FGV, 2004.
COSTA, Moacir et al. *Vida a dois*. São Paulo: Siciliano, 1991.
DEL PRIORI, Mary. *História do amor no Brasil*. São Paulo: Contexto, 2005.
DOWLING, Colette. *Complexo de Cinderela*. São Paulo: Melhoramentos, 1986.
EISLER, Riane. *O prazer sagrado*. Rio de Janeiro: Rocco, 1996.
ELUF, Luiza Nagib. *A paixão no banco dos réus*. São Paulo: Saraiva, 2002.
FERREIRA DOS SANTOS, Joaquim. *Feliz 1958 – o ano que não devia terminar*. Rio de Janeiro: Record, 2003.
FISHER, Helen. *Por que amamos*. Rio de Janeiro: Record, 2006.
GIUSTI, Edoardo. *A arte de separar-se*. Rio de Janeiro: Nova Fronteira, 1987.
HICKMAN, Tom. *Un siècle d'amour charnel*. Paris: Éditions Blanche, 1999.

HIRIGOYEN, Marie-France. *A violência do casal*. Rio de Janeiro: Bertrand Brasil, 2006.

HITE, Shere. *As mulheres e o amor*. Rio de Janeiro: Bertrand Brasil, 1987.

KINGMA, Daphne Rose. *Separação*. São Paulo: Saraiva, 1993.

KREPS, Bonnie. *Paixões eternas, ilusões passageiras*. São Paulo: Saraiva, 1992.

KUSNETZOFF, Juan Carlos. *A mulher sexualmente feliz*. Rio de Janeiro: Nova Fronteira, 1988.

MORGADO, Belkis. *A solidão da mulher bem-casada*. Rio de Janeiro: José Olympio, 1985.

PERROT, Michele. *As mulheres e os silêncios da história*. São Paulo: Edusc, 2005.

PORCHAT, Ieda (org.) *Amor, casamento, separação – a falência de um mito*. São Paulo: Brasiliense, 1992.

REICH, Wilhelm. *Casamento indissolúvel ou relação sexual duradoura?* São Paulo: Martins Fontes, 1972.

Revista Época, edição de 24 de janeiro de 2005.

ZELDIN, Theodore. *Uma história íntima da humanidade*. Rio de Janeiro: Record, 1996.

coleção amores comparados

Volume I:
O SEXO NO CASAMENTO

Na Idade Média, na região onde hoje se localiza a Itália, a jovem Ollena passa por aventuras e desventuras em seus casamentos. No século XXI, no Rio de Janeiro, três casais têm seus meandros amorosos destrinchados durante uma comemoração de bodas. O que as personagens nos dois textos de Flávio Braga têm em comum? Todas estão em busca de uma vida sexual mais prazerosa. Após cada história, Regina Navarro Lins faz uma análise que busca esclarecer as motivações e os agentes externos que atuam no casamento e na vida sexual dos cônjuges.

Outros títulos publicados pela Editora Best*Seller*:

MENTIRAS DE AMOR
Deborah McKinlay

Interesses, hábitos, preferências, rotinas... às vezes, parece que nada foi feito para se encaixar no relacionamento entre homem e mulher. É nessas incongruências que Deborah McKinlay se inspira para mostrar as mentiras de amor que todos praticamos. Omissões, enganos, palavras mal escolhidas e incompreendidas que constroem as pequenas tragédias da vida a dois – selecionadas e apresentadas no livro com o humor e o sarcasmo característicos de toda mentirinha doméstica.

FALA SÉRIO! VOCÊ TAMBÉM NÃO ESTÁ A FIM DELE
Ian Kerner

Uma divertida incursão ao campo de batalha do sexo, das ficadas, daqueles casos que não levam a lugar nenhum e da triste corrida pelos relacionamentos. Sob o lema "eleve seus padrões e conquiste o amor que você merece", o sexólogo Ian Kerner mune a mulher moderna – da mais romântica à totalmente independente – com o armamento necessário para interromper definitivamente o ciclo de derrotas na vida sentimental.

DESCOMPLIQUE A RELAÇÃO
Robin Prior e Joseph O'Connor

Você sabe o que faz um relacionamento dar certo? Sabe como escolher alguém que realmente combine com você? *Descomplique a relação* reúne estratégias simples para aprimorar os relacionamentos pessoais e amorosos por meio de técnicas de Programação Neurolingüística – uma mãozinha da ciência para o sucesso da vida a dois.

VAGINAS: MANUAL DA PROPRIETÁRIA
Dra. Carol Livoti e Elizabeth Topp

Esse é um livro que toda mulher deve ler – o primeiro manual divertido, completo e revelador sobre a vagina, escrito por uma ginecologista e sua filha. O texto trata de períodos menstruais, gravidez, DSTs, controle de natalidade, contratempos, quando (e quando não) se preocupar, aborto, ondas de calor, maneiras de manter o corpo funcionando bem com o passar dos anos e o melhor: sexo. É informativo sem se tornar entediante.

101 COISAS QUE NÃO ME CONTARAM ANTES DO CASAMENTO
Linda e Charlie Bloom

Fazer o amor durar. Essa é a proposta de Linda e Charlie Bloom em *101 coisas que não me contaram antes do casamento*. Um ideal audacioso, mas perfeitamente possível. No livro estão alguns dos requisitos básicos para o sucesso de uma relação, percebidos pelos autores em anos de aconselhamento familiar e mais de três décadas de vida a dois – conselhos que ajudam a compreender os altos e baixos da convivência e garantir a longevidade de todas as juras de amor.

LEVADA OU BOAZINHA
Amy Scott e Boyd Geary

Em meio a um apagão, o que será melhor fazer com o(a) parceiro(a)? Jogar cartas à luz de velas saboreando *fondue* ou realizar uma ousada fantasia sexual? Um excelente presente para apimentar a relação, *Levada ou boazinha* reúne sugestões práticas para tirar um relacionamento da rotina. As dicas deste livro constituem um verdadeiro jogo de romance e sedução.

Você pode adquirir os títulos da Editora Best*Seller*
por Reembolso Postal e se cadastrar para
receber nossos informativos de lançamentos
e promoções. Entre em contato conosco:

mdireto@record.com.br

Tel.: (21) 2585-2002
Fax.: (21) 2585-2085
De segunda a sexta-feira,
das 8h30 às 18h.

Caixa Postal 23.052
Rio de Janeiro, RJ
CEP 20922-970

Válido somente no Brasil.

Este livro foi composto na tipologia Arrus,
em corpo 10/14 e impresso em papel off-white
80g/m^2 pelo Sistema Cameron da Divisão Gráfica
da Distribuidora Record.